感情を癒やし、あなたらしく生きる4つのステップ

気づく・鎮める・感じきる・心を開く

ロナルド・J・フレデリック 著
花川ゆう子 監訳／武田菜摘 訳

福村出版

日本語版刊行によせて

ようこそ。『感情を癒やし、あなたらしく生きる4つのステップ――気づく・鎮める・感じきる・心を開く』を読もうと選んでくださったことをうれしく感じると共に、あなたの感情の発見と成長の旅にご一緒できることを光栄に思います。

本書の執筆中は、せめて何人かがこの本を目にして役立ててくれればいいなと願っていました。それがアメリカ国内で広く読まれることになるとは思ってもいませんでしたし、さらに英語の原著が様々な言語に翻訳されて世界中に広がっていくとはまったく予想もしていませんでした。２００９年に初版が刊行されてから10年ちょっとが過ぎましたが、今やオランダ語、中国語、ペルシア語、そしてこの日本語による翻訳本、またスウェーデン語やドイツ語による研究書版が出され、さらに他の言語への翻訳も予定されています。本当に身に余る思いです。

思うにこうした広がりは、私たちが共有する人間性の証、感情表現や心のつながりが必要であることの普遍性の証なのではないでしょうか。私たちは感じ、他者とつながるべく創られているのです。これは文化を超えて生まれ持った性質であり、それぞれ文化的規範によって自己表現の仕方は異なるかもしれませんが、人間としての感情体験の基本は万人に共通しているのです。

したがって、中核《コア》的な感情体験からの断絶や他者からの断絶といった、感情的な苦しみの根本的原因もまた普遍的であるということになります。自分のなかの感情体験とつながり、協調し、うまく活用して伝えるといったことがなんらかの理由でできないとき、私たちはもがき苦しみ、人生はうまくいかなくなってしまうのです。

しかし人間には立ち直る力があります。回復し、力強く生きていくようにできているのです。成長、自己実現、そして深い結びつきを求める傾向もまた普遍的なものです。適切な助けがあれば、みな本来の自分を取り戻し、立ち直って豊かに成長してゆけるのです。

本書のなかで後述しますが、「感情的マインドフルネス」によって、こうした人間が本来持っている力を解き放ち、自身や他人の感情に寄り添う能力を引き出すことができます。肯定的・建設的なやり方で意識を集中させることで、古い習慣や恐怖から解放され、感情体験に近づいて新たな関わり方を築くことができるのです。自らの幸福や成功のために、脳の回路を配線し直すことは実際に可能なのです。

感情的マインドフルネスのスキルを養うことは、単にそれがよいというだけではなく、実際に苦痛を和らげ、脳の働きを最適化し、メンタルヘルス全般を改善するということが経験的に実証されています。本書の初版が出たあと、私の紹介した４つのステップに基づくプロセスを研究基盤として用いたリサーチが、スウェーデンのリンショーピング大学を通じて行われました。それらの調査のなかで、スウェーデン語を話す参加者たちが感情的マインドフルネスを培うためのツールに関して読んで実践したところ、それが不安、うつ病、社会不安に対する治療として効果的であることが分かったのです。同じことがあなたにも起こりえます。

だから私は遠くから文化を超えて手を伸ばして、人生を本気で生きようとするあなたの努力に協力します。

本書を通じて必要な助けやサポートが得られますように。

一緒に頑張りましょう。

心を込めて

ロン

監訳者まえがき

アメリカのサイコセラピスト訓練機関であるＡＥＤＰ（Accelerated Experiential Dynamic Psychotherapy：加速化体験力動療法）研究所のオンライン・ミーティングに久しぶりに出席したとき、「Yuko!」そんな大声がコンピューターから聞こえました。その声の持ち主がこの本の作者ロン・フレドリックなのは、一瞬で分かりました。彼のとてもポジティブな歓迎の一声のおかげで、久しぶりのミーティングでちょっと緊張していた私も一気にリラックスできました。「つい懐かしくて……ストレートに僕のエキサイトメントを声に出しちゃったよ（笑）」と言ってくれたロンは、ＡＥＤＰ研究所でのよいファカルティ（教員）仲間です。

ロンは、一言で言うと感情をストレートに感じ、表現する勇気を持っている、まさに有言実行の人。感情をストレートに感じ表現する人、というとわがままな人になるんじゃないか……そんな危惧を覚えるかもしれません。でも彼を見ていると自分の感情に素直だからこそ、自分を大切にしながら他人にも優しくなれることが分かります。そんなすてきで尊敬するロンの最初の本を日本のみなさんが手にとって読んでいただけるようになって、私自身とてもワクワクしています。

本書の監訳をお受けして、またじっくりと本書を読み込むことになりましたが、初版から10年以上経った今でもページを繰るごとに、本書の持つ時代や文化を超えたパワーを再実感しました。一人ひとりの登場人物の体験は日常的によく出会うタイプの物語です。登場人物たちが勇気を持って自分の感情に向き合い、感情への恐れを克服し、自分がなにを感じ、また求めているかを見守るのは、一つひとつが感情の癒やし体験でもありました。この本を手に取ったあなたにも、きっと感情移入できるストーリーがあちこちに出てくるでしょう。そして本書を読み進めるうちに、あなたも感情への恐れを乗り越える疑似体験ができることでしょう。

本書はこれまでに、オランダ語、中国語、ペルシア語に翻訳されてきました。また、スウェーデンとドイツでは、この本をもとに研究用バージョンが出され、臨床研究で使われています。2017年に出版されたスウェーデンでの研究は、インターネット上でこの本のプロトコールを、社会不安症を持つ人たちに10週間受けてもらったところ、治療終結時には大きな不安症状の改善が見られ、2年後のフォローアップ時においてもその変化は保たれていたと報告されています（Johansson et al., 2017）。……ということは、この本を手にしたあなたも本書に書かれている4つのステップをしっかりと踏めば、大きな心の変化を感じることが可能ということです！

あなたのペースで、心をできるだけオープンにして、読みながら出てくるあなたの感情を一つひとつ抱きしめてあげて、認めてあげて、一緒にいてあげていただけたら、と願っています。読み進めるなかで出てくる気持ちは、もしかして怖く感じることもあるかもしれませんが、それはあなたらしさそのものであり、生きにくさを変容する鍵だからです。感情は体験をすればするほど、私たち自身を変えてくれるパワーを持っています。ロンと一緒に、私もあなたの心の旅を応援しています。

最後に、ていねいでぴたっとくる日本語を紡いでくださった訳者の武田菜摘さん、辛抱強く編集に付き合ってくださった福村出版の平井史乃さんには大変お世話になりました。この場を借りて心より感謝を申し上げます。

マンハッタンの自宅にて、感謝を胸に

監訳者　花川ゆう子

目次

第2部　実践

目次

謝辞

5年前にこの本を書き始めたとき、それがいったいどんな道のりになるのか、想像もつきませんでした。自分ひとりでは、とてもここまで辿り着くことはできなかったでしょう。本書の作成にあたり様々なかたちでお世話になった下記の人々に、この場を借りて深くお礼申し上げます。

著作権エージェントであるビグリアーノ・アソシエイツ社のダン・アンブロシオ氏は、当初からこのプロジェクトを信じてくれました。彼の実行力と熱意、そしてサポートに謝意を表します。彼は本書の制作過程を通じて常に冷静に私を導いてくれました。彼以上にすばらしい賛同者はいないでしょう。

編集者であるジョシーバス社のシェリル・フラートン氏は、私が伝えたいメッセージについて深い認識と理解を示し、さらにそれをより簡潔に伝えられるよう手助けしてくれました。彼女の優れた提案としっかりとした指導に感謝しています。高いプロ意識を持つ彼女と一緒に仕事ができたことは喜びでした。

また、思いやりと勤勉さをもって常に最高のものを追い続けようと努力するジョシーバス社のすばらしいチームにもお礼を述べたいと思います。

Kスクエアエンタープライズ社のキャサリン・クローリー氏は、私にはこの本を書き上げる力があると誰よりも早くから確信し、いつも必要なときに傍らで支えになってくれました。ダン・アンブロシオ氏を私に紹介してくれたのもまた彼女でした。

マーク・チムスキー氏、マーク・レヴィー氏、そしてメアリー・キャロル・ムーア氏には、プロジェクト初期に本書の提案書へ専門的な助言をいただき、大きく後押しいただきました。

パフォーマンス・アンド・サクセスコーチング社のラリーナ・ケース氏には、熱意と寛大さをもってすばらしいご指導をいただきました。

私の家族、友人、同僚たちの多くは、執筆中の様々な段階で原稿に目を通し、内容に関する貴重な意見と励ましの言葉をくれました。なかでも、ティム・ベイヤー氏、キム・フレデリック氏、（本の原題“Living Like You Mean It”の考案者でもある）ジャッキー・フレデリック＝バーナー氏、ダイアナ・フォーシャ氏、スアーン・ピリエロ氏、（本書第4章にある図表の作成者でもある）サラ・イヤー氏、ダナ・フレイザー氏、ノア・グラスマン氏、ベン・リプトン氏、ナターシャ・プレン氏、ダニー・ヤング氏、ベリンダ・ボスカーディン氏、ステイシー・カーシュナー氏、ジェニー・ムーア氏、そしてクリストファー・ザーク氏に謝意を表します。

また多くの先生方、そして優れたセラピストの方々からは大いに刺激を受けました。自分の考えを形作り、臨床開発を促進することができたのも彼らのおかげです。とくにダイアナ・フォーシャ氏、レイ・マッカロウ氏、イサベル・スクラー氏、ジル・ストランク氏、ギル・タネル氏、マイケル・レイキン氏、テリー・シェルドン氏、マリア・デレヴェンコ氏、ジョン・ブーダン氏、the International Experiential Dynamic Therapy Association のメンバーの方々、そしてＡＥＤＰ研究所の私の同僚たちに深く感謝します。

学生たちには、私の考えやアプローチを言葉にするにあたり後押ししてもらいました。才能と探究心にあふれた彼らには活気づけられ、教える者としてまた臨床家としての自分を成長させてもらいました。

私を受け入れ、心の内や人生、そして深い感情を打ち明け共有してくれた私のクライアントたちは、その勇気をもって私を力づけてくれました。彼らの人生に関わることができて名誉に思います。

パークハウスのスタッフの方々は、思いやりの心とすばらしいユーモアのセンスを持っていました。私の信頼する指導者スーザン・シェーファー氏は、私が大変なときに傍らにいて、私はよきものを受け取れるように助けてくれました。

卓越したセラピストであるダイアナ・フォーシャ氏には、感情が持つ人生を変える力について「ボトムアップ」でお教えいただき、それが私の人生の転機となりました。彼女との取り組みなしには、本書は存在しえなかったでしょう。フォーシャ氏の継続的なサポート、寛大さ、そして友情を大変ありがたく思っています。

そして、よく私の様子を気にかけて励まし、パソコンの前にかじりついている私を、ときに救い出してくれた友人たち。また、愛情と揺るぎない信頼もって私を支え、最高に笑わせてくれた私の家族にも、この場でありがとうと言いたいと思います。

最後に、私の最高のパートナーであるティム・ベイヤーへ、すべてにおいて感謝を捧げます。

守秘義務を守るため、この本の登場人物は私が今まで診てきた大勢の様々なクライアントを合わせて作り出されたものである。名前や身元はすべて架空であり、特定の個人に対する類似は偶然的なものである。

この世でもっともすばらしく、もっともうつくしいものは、
見ることも、触れることすらできません。
心で感じるしかないのです。

――ヘレン・ケラー

はじめに

この本を手に取って読んでいるあなたは、どこか自分の人生に満足していないのではないでしょうか。ただ、現実を見ても、とくになにが人生に欠けているとは言えないかもしれません。毎日忙しく充実しているし、友達、同僚、家族、たぶんパートナーや伴侶だっている。それなのになにか違う。なにか物足りない。

私たちの多くがこうした感覚を抱いています。もっと一瞬一瞬を大切に日々生きている実感を持って自分らしく生き、そして、自分の愛する人たちの傍にいたいと強く願っているのに、なにをしてもそれはかなわないように見えます。そしてなぜ自分は幸せでないのかと思うのです。なぜもっと満ち足りた人間関係を得られないのか。なぜ人生はもっとすばらしいものにならないのか。そして思うのです。**自分の人生はこんなものなのか。**

それを、日々の忙しさのせいだと言う人もいます。ストレスフルな仕事、長時間労働、そして過酷な通勤に耐えなければならない。時間の制約にしばられ、家事をこなし、家族の要求にも応えなければならない。ゆったりと大切に生きるにはあまりにも時間が足りない。友達や家族と一緒に過ごし、人間関係を充実させるのに費やす充分な時間も取れない。もっと有意義な人生を送ろうとする前にエネルギーを消耗してしまう。

これらは一見正しいようですが、でも私は、ただ忙しいというだけではないと確信を持っています。

今まで心理療法とコーチング活動を通して診てきた大勢の人や、人生で公私を通じて出会った人々との経験、そして自分自身の経験から思うのは、私たちが疎外感を感じる大きな理由は、恐れと関係があるということです。なにを恐れているのでしょうか？　その答えは意外に聞こえるかもしれません。私たちが恐れているもの、それは、自らの気持ち・感情なのです。

感情というものは、人に生きている実感やいきいきとした感覚を感じさせたり、人生の難題に対処するために奮い立たせたり、自分の欲求を満たすためにベストの方法を示してくれます。また感情は、自分と他人との間の溝を埋め、人間関係を活性化し、親しくさせてくれもします。感情に対して恐れや不快感を持ち、他人と感情を分かち合えない**感情恐怖症**のせいで、私たちは自分のなかにある知恵と力、また、他人から、自らを遠ざけているのです。

この手の恐れは、本当によく見られるものです。実際、私たちのほとんどが自分たちの感情に恐れを抱いています。感情を余すことなく感じること、感情豊かに生き、他の人たちと共にいることを恐れています。傷つくこと、注目をあびること、そして馬鹿に見えることを恐れています。感情に圧倒されること、コントロールがきかなくなること、手に負えなくなることを恐れています。本当の自分をさらけ出すことを恐れているのです。

そんなとき、私たちはどうするのでしょうか？　自らの感情を避け、遠ざけて隠そうと必死になります。気分を紛らせ、感情を押しやり、蓋をして、そのうちどこかに消えてなくなるようにと願うのです。

でも、感情はどこにもいきません。耳を傾けてもらおうと、応えてもらおうと、注意を引こうとし続けます。そういうものなのです。そしてこうした感情は、なにかずれている、変だ、ちょっと違うといった違和感、心配、イライラ、落ち着きのなさ、不安、または鬱《うつ》となって、再び表面化します。

そうなったら私たちはその感情たちに耳を傾けるでしょうか？　答えは否《ノー》。逆にもっとそれらを遠ざけようと頑張ってしまいます。仕事に没頭したり、買い物に走ったり、飲酒や暴食、クスリ、セックスに走ったり、または狂ったように運動したり。携帯で話したり、ブラックベリーでメールしたり、ネットサーフィンしたり、ビデオゲームをしたり、テレビの前でぼーっとしたり。忙しく、気を紛らわせられることならなんでもします。自分の本当の気持ちに触れそうになったときやってくる恐れを麻痺させてくれるものなら、なんでも。

本音の人生を歩む代わりに、私たちは半分死んだように心ここにあらずの状態で、自分のなかでなにが起こっているのかぼんやりと感じたまま、日々を過ごしています。どれだけ自分が自らを邪魔しているのかなど知るよしもなく、なぜ、自分は不幸なのかと考えます。なぜ、人生はもっと満ち足りていないのだろう。なぜ、人間関係にもっと満足できないのだろう。なぜ、こんなにも孤独なのだろう、と。

自らの感情ときちんと向き合い、それらを伝える勇気がなければ、こうした状況はずっと変わらないでしょう。

良くも悪くも

感情を抑えようとしても、感情はどこにもいきません。感情は内面で腐っていき、私たちの活力を枯渇させ、いずれは次のようなかたちで現れます。

心配	不安
恐れ	落ち着きのなさ
活動過剰	落ち込み
短気	意欲の欠如
先延ばし	慢性疲労
不眠症	過度の緊張高血圧
胃腸障害	頭痛
歯ぎしり	怒りの爆発

人間関係の問題　性的不全
低い自尊心　虚無感

私がこの本を書いた理由

なぜ、私はこの悲惨な状況をこれほどよく理解しているのでしょうか? それは、私自身がそういう状況にあったからです。

長年にわたって、私は、自分が本能的なレベルで深く本当に感じていることに対して、かなり無自覚でした。やがて、自分の感情を、そして、本当の気持ちに耳を傾けたり信じたりすることを非常に恐れるようになり、自分のなかのどこかに埋もれている真の自分の声を聞くことができなくなってしまいました。自分の欲しいもの、願うこと、そして、なにが正しく、なにがおかしいかを知っている声を。

今だからこそ後知恵で言えることですが、当時はなにが起こっているのかなんて、知るよしもありませんでした。自分が、表面下ではどんなに不安を感じていたかにまったく気づかず、自分の生活すべてにおいて、どれだけ恐れが悪影響を及ぼしているのかぜんぜん分かっていませんでした。家から仕事、学校、ジムへ、そしてまた家へと、私は常に走り回っていましたが、それは、自分の気持ちに対する潜在的な恐怖心によって煽られていたのです。この恐怖心こそが、本当の気持ちから自らを遠ざけ、他人ともっと深くつながることを妨げていたのです。

ただ、強い孤独感には**たしかに**気づいていました。忙しい毎日、パートナー、友達、家族、親しいと思っていた人たちの存在とは裏腹に、なにかが欠けていました。みんなと時間を過ごしても、そのあとは空しさを感じ、人とつながりたいと強く願いながらも、なにがそれを妨げているのか分からないまま、その場をあとにしたものでした。**自分はなにかしただろうか？　自分はなにか言っただろうか？　それとも単に、みんな自分のことが好きでないいか、関心がないだけだろうか？**　でも、その答えを突き止め、なぜこんなにも孤独を感じてしまうのかを理解することはできませんでした。

だから、まるで車輪の上をぐるぐる回り続けるハムスターのように走り続け、今ある人間関係が単に合っていないだけなんだと自分の良識を疑い、そして、その存在にすらほとんど気づかないまま自分の気持ちから逃げていたのです――自分の心を信じ、より自分らしく人生を進むことへの根強い恐れから。立ち止まって自分の内なる声を聞き、ありのままに存在することから逃げるために、私は必死でした。もし立ち止まってしまったら、自らの恐れと向き合い、自分の気持ちを受け入れなければならず、命取りになる危険がありました。それは、あまりにも恐ろしすぎました。

自分が、本当はなにに対して恐れを抱いていたのかを理解し（それは自分の本当の気持ちに対してだったわけですが）、どうしたら恐れを克服して感情を持った自分を受け入れ、他人と本当の意味でつながることができるのかを知るのには、助けが必要でした。もし助けがなかったら、私は永遠にそんな状態にとどまっていたかもしれません。もし目を覚ますことなく自分の感情に素直にならなかったら、今ごろどうなっていただろうと考えるだけでも身震いがします。

仕事をするなかで、私はかつての自分のような、ひょっとしたら今のあなた自身のような人に数多く会ってきました。彼らのほとんどが変わろうとし、またやり方を変えてみようと何年も努力しています。かつてセラピーを受けていた人たちもいます。でも、どんなに努力しても、なかなか持続的な成功に結びつかないのです。結局、何度も同じパターンを繰り返してしまうのです。自分のなかにある感情的な部分から離れ、他人も遠ざけてしまうパターンを。出口の見えないパターンを。

あなたも身に覚えがあるかもしれません。

この繰り返しの理由は明らかです。自分の気持ちと折り合いをつけなければ、どのように感じ振る舞うのかを本当に変えることはできません。もし本当に変化を望むのなら、真に生きていることや人とのつながりを感じたいのなら、まず自分自身の感情とつながり、うまく対処することを学ぶ必要があります。なにかを失ったときに感じる悲しみ、不当な扱いを受けたときに感じる怒り、勝利したときに感じる喜び、誰かのことをとても大切に想うとき感じる愛情、そして、これらの感情の間に存在するありとあらゆる感情たちを感じるのです。

多くの善意ある人々がこれとは異なる意見を言っているのは承知しています。どうやったら感情を「超越」し、思考によってそれを遮断し、アファーメーションを唱えることでそれらを変えることができるのかといったような本が巷にはあふれています。残念ながら、こうした方法は不充分であり、ごく短期的に症状を軽減するにすぎません。それには理由があります。

長年の間、人間の精神《マインド》に対する我々の理解は、認知科学ないし精神《マインド》の科学といった領域に多大な影響を受けてきました。自己啓発本、トークショー、アドバイスのコラム、そしてセラピストでさえ、どこを見てもたいがい、**とにかくポジティブに考えよう**、といったことを喧伝しています。

現実的に考えてもみましょう。もし、そんなに単純なことですむなら、私たちはみんな、とっくによくなっているはずです。そして私は今ごろ、ケープコッド（注：アメリカ合衆国東北部のマサチューセッツ州東端にある半島。夏場の避暑地として有名な場所）のどこかでB&B（注：ベッド・アンド・ブレックファスト、の略。宿泊費と朝食が料金に含まれた比較的低料金で利用できる宿泊施設）でもやっていたことでしょう！

幸いにしてここ数年間、脳が、どう働き、発達し、変化するのかについての私たちの理解に大変革をもたらす、感情に関する、おびただしい数の研究が出ています。感情というものが、思考に比べ、健康や幸福感、持続的な変化をもたらすのによりパワフルな役割を果たすことが、今日では明らかになっています。その理由は単純です。私たちの気持ちというものは、思考に比べ、ずっと速くずっと強烈に湧き上がるものだからです。折に触れ、それらの感情を押し込めようとなにをしても、コントロールしようとどんなに努力しても、結局、感情が勝つのです（なぜこうなるのかについては次章で述べます）。さらに、神経可塑性（脳がどのように構造と機能を変化させることができるのかについての研究）分野における最近の発見によって、感情的経験には実際に脳を再構築する力があるということが明らかになったのです！

だから、自分の感情との付き合い方を知るほうが、それに逆らうよりも理にかなっていると思いませんか？ダニエル・ゴールマンがベストセラーの著書『ＳＱ生きかたの知能指数――ほんとうの「頭の良さ」とは何か（原題：Social Intelligence）』のなかで言い当てているように、私たちはまた、根本的に「つながりを求める存在」であることが分かっています（Goleman, 2006/2007）。生まれたその瞬間から、人は他人と感情的につながろうとする本能を持っているのです。そして、それにはもっともな理由があります。他人との親密感からくる安全・安心感は、私たちの健やかさ、幸福感といったものの基本となるものです。それは、かの著名な精神科医、ジョン・ボウルビィが「安全基地」と表現したように、私たちが成長し、世界を探求できるように、しっかりとした土台を提供するのです（Bowlby, 1988）。人とのつながりを持つことは、単にそれによっていい気分になるというだけではなく、ストレスに対処し、人生の辛苦を乗り越えるための能力をも向上させるのです。またそれは、免疫・心臓血管・脳の機能をも向上させ、数えきれないほどの健康への利益をもたらします。実際、親しく支え合うような人間関係を持っている人ほど長生きするのです！

ただし、ひとつ条件があります。ここで重要なのは、そうした人間関係の数ではなく、質、つまりどれだけ親しいかという点です。一言で言えば、親しければ親しいほど、より恩恵も大きいということです。そして本当の意味で親しい関係というものは、まず自分が感情的に健全でオープンであり、安定していると感じられること、また自分の感情とそれが自らに及ぼす影響についてしっかり自覚していることで、初めて築くことが可能になるのです。よって、健全な方法で感じ、つながる能力を養うためには、自分自身の感情を違和感なく受け入れ、それらを伝えることを学ぶ必要があるのです。そうしなければ、私たちは孤独・疎外感にさいなまれることになります。

どうやら考えていたよりも自分の感情に対して違和感があるようだ、と感じているあなたにとって、自分そして他人により深く心を開こうとすることは一見怖く思えるかもしれません。その心配はよく分かります。**たしかに**それは怖いことかもしれません。実際に試してみる前は怖いということは、世のなかにたくさんあります。しかし、実はそんなに怖がるものではないのだと一度悟れば、それは自分にとって利益をもたらし、楽しいものになったりするものです。感情についても同じことが起こりえます。試してみればみるほど、つながろうとすればするほど、その過程は容易になり、上手に対処できるようになるのです。

さて、恐れによって自らの人生の片隅に追いやられ、まるで映画を観ているかのように人生が展開される様子を遠くから眺め、自分がその一部であると感じることもなく、また愛する人たちの存在を近くに感じることもできない、あなたはそんな状態に、これからも甘んじるのでしょうか。そうではなく、もっと自分の存在を感じ、自分の人生の主役になり、そしてそれをもっと充実させたいでしょうか。

もし、あなたにその気があるのなら、私にぜひ手助けさせてください。ただし、本気で取り組み、リスクも冒すこと、そして、気合を入れて少々きつくても耐える必要が出てきます。実際、この作業にはいくらか努力が必要です。

それが、ときどき苦痛と混乱を引き起こすことなどない、と約束することはできませんが、これだけは言えます。自分の感情に寄り添い、それを伝えることができるようになることは、今まで想像もしなかったほどにあなたの人生を変えるでしょう。私は、自分自身の経験からそうなることを知っていますし、私のクライアントの人生が変わるのを日々見ているのです。

人が自らの感情に心を開くとき、次のようなことが起きるのを、私は見てきました。

・全体的に心配や不安のレベルが軽減され、大きな安堵感を引き起こす。
・閉塞感がなくなる。さらには体内を走るポジティブなエネルギーが流れ、動く感覚に気づく。このエネルギーによって、人はいきいきとし、より力強く、自信に満ちてくる。またそれは、心を開き、古い壁を打ち破り、新しい自分を体験するための原動力となる。
・これ以上疑うことのない自分の真理に触れ、それを表すことができるようになる。そして自分の感情をはっきりと表し伝えることで、人間関係を深め向上させることができる。孤独感から解放される。
・人生がより豊かで満ち足りたものとなり、人生における意義・目的・帰属意識が深まる。

そして、最終的に人は、充分に生きているという実感や生命感、そして、自己や他人、世界と深くつながる感覚を持てる真の可能性に気づくのです。

これ以上のご褒美があるでしょうか?

感情豊かなすばらしい人間として生まれてきた本来の自分に出会い、それを受け入れるのを手助けするという貴重な経験の一翼を担うことができるのは、本当にうれしいことです。またひとり、新たに自分を抑えつけていた壁を打ち砕き、より深くより豊かに自身の感情とつながろうとする様子を見て、一日たりとも深く感動を覚えない日はありません。

多くの人々を手助けし、そして、彼らが自分の感情に寄り添い伝える力をつけたときに起こる劇的な変化を目の当たりにするにつれて、私は、このことをもっと多くの人に広めるべきだという思いを次第に強くするようになりました。人々が自らの恐れを克服し、内に存在する豊かな感情に目覚め、そして、自分の人生に関わる人々とより親しいつながりを感じるための手助けをすること、それが私の使命になったとも言えるでしょう。そしてまた、あなたにも届くようにとの願いを込めて、この本を書いているのです。

本書について

本書は、本当に送りたい人生を手に入れるため、みなさんが恐れを克服し、自らの感情が持つ知恵と力を使えるよう役立てるために書かれています。長年にわたって私が学び、発展させてきたこと、そして、日々私のクライアントに教えていること、すなわち「恐れを克服し、自分や他人とより深くつながるための4つのステップからなる方法」をあなたにお伝えしていきます。

本書は2つの節から構成されています。前半の「準備」の節は、その次にくる実際の行動段階の基礎となる部分です。まず、今問題となっている事柄、すなわち、自分たちの感情に対する恐れ、つまり私が言うところの**感情恐怖症**について、具体的に見ていきます。まず、あなたが自分のなかにあるこの恐れに気づくことができるようにするために、この恐怖症にもっともよく見られる症状を述べます。次に、私たちはどのようにして自分たちの感情を恐れ、他人とより深くつながることに対して恐れを抱くに至るのかを見ていきます。また、あなたの生まれ育った感情環境と今のあなたの人生を支配していると思われる暗黙のルールについても探ってゆきます。続く後半の「対策」の節では、感情恐怖症を克服する次の4つのステップからなる方法を説明します。

ステップ1――気づく

変化を起こすには、まず**感情的マインドフルネス**と私が呼んでいるもの、すなわち「今の瞬間における自分の感情に対する気づき（第3章参照）」と、「それらの感情を避けるためにあなたがしていることに対する気づき（第4章参照）」を培うことから始めます。あなたの内面で起こっていることに注意を向け、自分の感情的体験に耳をすまし始めること。そして、あなたが自分自身や他人に関わるのを妨げるためにしていることはいったいなんなのかを理解する必要があります。私たちはみな、意識的であれ無意識であれ、自分の感情を避けるために用いる共通の行動パターン、すなわち「防衛」機能を持っています。たとえば、悲しみが湧き上がってきたとき、私たちはそれを抑えようと、話題を変えたり、視線をずらしたり、物事を軽く考えようとしたりする。それが仕事や社交の場であれば、その場は気分を紛らせ家に帰って発散できるまで待つなど、それが妥当な対応である場合もあります。しかし無自覚にやっているとなると、これは問題です。ほとんどの場合、防衛があまりに自分のなかに深く染み込んでしまうために、それが無意識に作動し、別のやり方ができなくなってしまうのです。そうして、結局のところ自分のやっていることにすら気づかずにいるなら、よくない習性も変えることはできないのです！

ステップ2——恐れを鎮める

自らの防衛に気づきだすと、それが本来覆い隠そうとしている潜在的な不快感の存在に気づくようになるでしょう。あなたの体がこわばり、胸が苦しくなったり、じっと座っていられなくなったりするのが分かるかもしれません。こうした様々な身体的経験（つまり肉体で感じられるものすべて）は、恐れの身体的症状、すなわち脅かされたと感じたときに引き起こされる闘争・逃走反応です。これらはまた、あなたの感情により近づいていることを知らせてくれるサインでもあります。

この変化のプロセス全体の中心をなすのは、あなたの感情恐怖症に対するより効果的な方法、恐れによって意図せずコントロールされるのではなく、自分で主導権を握る方法を見出すことです。これ以上感情を抑制したり、退けたり、無視したりしようとしなくともよいように、あなたの不快感をもっとずっと対処しやすいレベルにまで減らすことができる具体的なやり方をお伝えしましょう。それを練習することで不安感が減り、より今という瞬間にとどまることができるようになって、豊かに感情を持つ余地《スペース》が生まれるでしょう。

ステップ3――感じきる

徐々に自分の感情に気づき恐れを鎮められるようになったら、次のステップは自分の内面にあるものを感じられるようにすることです。感情を余すことなく感じると、そこにエネルギーの流れが生まれます。海の波のように、最初は小さく、そして頂点へ浮き上がり、はじけ、立ち消えるのです。たとえば、あなたはまず、ささいなフラストレーションとして、自分のなかにある怒りの存在に気づくかもしれません。この感覚に耳をすまし、自由にさせたら、それはやがて広がり出します。体が熱くなり、腕がうずきだし、そして、体で反応したい衝動にかられます。もし、こうした内面的な体験を妨げたり押しのけたりせずそのままにし、乗り切って受け入れることができたら、怒りの感情はピークに達したあと、間もなく引いてゆきます。

感情の一連の波を完全に自分のなかで乗り越えると、あなたはエネルギーが湧いて頭がクリアになり、自身と完全に一体化することで多くの恩恵を得ることができます。そして行動を起こすか否かを自由に選択できるようになり、行動を起こす場合はどのようにやり、なにを目指すのかを選べるようになるのです。私はあなたに、自分の感情に圧倒されることなくそれらを経験する健全な方法と、効果的な対処の仕方をお伝えします。そうすれば、きっとあなたもこの新しい海原のなかをしっかり進み、感情の船を操る達人になるための必要なスキルを身につけることができるでしょう。

ステップ4――心を開く

次のステップは、心を開いて自分が内面で感じていることを言葉にして他人に伝えるか、それとも自分のなかにとどめておくかの選択を伴います。私たちには、今どこにあり、なにをしたいのか分かっていればそれでよい、自分の感情に触れているだけで充分である、という場合もときにはあります。しかし、往々にして感情というものは、単に自分で経験するだけでなく、共有すべきものです。実際あなたも自分の感情に触れたら、心を開いてそれらを打ち明けたくなるということが分かるでしょう。しかし、私たちの多くは、実際どうやったらいいのか、どのようにして自分の感じていることを表現し、また一番よく耳を傾けてもらえてベストの結果が得られるようなやり方で伝えられるのかが分かっていません。私はあなたに、自分の感情を表現し伝える健全な方法、伝えるべきこととそうでないことを区別する方法、そして他人とより密接に深くつながるためにどうやって自分の感情を使えばよいのかについて教えましょう。

†

この本には変化の物語が詰まっています。あなたのような人たちの物語です。閉塞感にさいなまれ、孤独・絶望を感じながらも自らの恐れに向き合う勇気を奮い立たせ、思い切って自分の感情に対して心を開いて他人と共有し、そして想像もしなかったような変化を手に入れた人々の物語が。

あなたにも同じことが起こりえます。

そして、それこそが、私が本書を通じてあなたに伝えたいことなのです。適切な方法と練習によって、あなたも自分の人生と人間関係を向上させることができる、ということを知ってほしいのです。

変化を起こす力はあなたのなかにすでにあり、出てくるのを待っています。あなたが自分の感情のすばらしい知恵と力を生かせるよう、私に手助けさせてください。もう、あなたは第一歩を踏み出したのです。あなたは私と一緒にいます。さあ、共にこの旅を始めましょう。あなたには自分の人生を変える力が備わっていることがきっと分かるでしょう。

第1部　心構え

第1章　感情は感じたほうがいい？　感じないほうがいい？

勇気の持ちようによって人生は広がったり縮んだりする。
――アナイス・ニン

リサは、ボーイフレンドのグレッグを空港で時間通りにピックアップするため、少し早めに仕事を抜けた。途中、店に立ち寄って、出張から帰ってくる彼のために特別に準備した夕食に必要なものを最後にいくつか買い足した。数分後、車の助手席に座ったグレッグは「そりゃいいね」とリサに言った。「君と食事してから、あとで友達と一杯やりにいく時間は充分あるはずだし」。リサの頬がこわばった。**私とずっと会ってなかったというのに、帰ってきたその晩に自分の友達と会う予定を立てているですって？　なんてこと！**　リサは内心イライラしてきたが、クールに笑ってごまかすと尋ねた。「それで、出張はどうだった？」

†

アレックスは、なにか音楽でも聴こうとカーラジオのスイッチを押した。すると、ちょうどクリスマスキャロルを流しているラジオ局にあたった。「あら、私、この曲大好きなの。あなた、聴きましょうよ」。「きよしこの夜」のおなじみのメロディーが車内に満ちるなか、妻が言った。アレックスは、なにか胸がつまるような感触を覚えた。今まさに運転しているこの道で自分の両親が車の事故で亡くなった日から、ちょうど一年が経とうとしていた。アレックスの頭のなかに、両親と過ごした幸せな時間、自分が若かったころのクリスマス休暇の記憶があふれた。目に涙が湧き上がってくるのを感じたが、妻に見られたくなくて顔を背けた。アレックスは心のなかで、**どうしたんだ、しっかりしろよ、もっと強くなれ**、そう自分に言い聞かせると、ハンドルを握りしめ、必死に湧き上がる気持ちを押し戻そうとした。

†

ケイトは、友人とのこの休暇を何か月も前から計画していた。ずっと残業続きの末のやっとの休みだ。みんなで早起きをして、前からとても楽しみにしていたハイキングに出発した。最初の展望地点に到着すると、みんなでしばし立ち止まり、山からの景色を楽しんだ。朝日が乾燥した砂漠の景色にオレンジ色の光を投げかけ、空気はすがすがしい。**最高の日だわ**、深呼吸をしながらケイトは思った。と、突然、どこからともなく、ふいに不安の波に襲われた。ケイトは、そわそわしていたたまれなくなり、きびすを返すと、不思議そうに見る友人たちをあとに先へと歩きだした。

†

一見、てんでばらばらのようですが、同時に、この3人はお互いとても似通っています。みな、自分の感情を恐れているのです。

リサは、自分の怒りを恐れています。ボーイフレンドに対する怒りを抱えつつも、取り合わないようにしています。しかし、どんなに頑張っても、それはくすぶり続け、結局イライラして怒りは収まりません。

アレックスは、自分の悲しみを恐れています。感傷的になること、そして両親の死に対する自分の悲しみを表に出すことを恐れています。それを許してしまったら、きっと抑えがきかなくなって感情的に不安定になり、妻に弱い人間だと思われてしまうと心配しています。

そしてケイトは、自らの幸せを恐れています。リラックスして楽しみ、友人たちと一緒にただすてきな時間を過ごすということに対するなにかが、彼女を不安にし、緊張させるのです。ずっと楽しみにしていた休暇なのに、それを心から楽しむことができないなんて、なんと悲しいことでしょう。

本当に、3人ともかわいそうなこと、このうえありません。

リサが、もし自分の怒りをもっと素直に受け入れられていたら、そしてその感情に触れ、その力を感じることができていたら、おそらく彼女はグレッグに対して自分がどう感じているかを思い切って伝えることができたでしょう。

アレックスが、もし自分の悲しみを恐れなければ、両親の死をもっと率直に嘆き悲しむことでいくらか苦痛が和らいだかもしれません。妻にその気持ちを伝えて、彼女をより身近に感じたなら、そこまで苦痛で孤独ではなかったかもしれません。もしかするとアレックスは、苦痛を独りで丸抱えしている間は信じられないかもしれませんが、人と苦痛を分かち合うことがどれほど心地よいものかと理解さえするかもしれません。

そして、ケイトが、もし心置きなく友人たちと楽しむことができていたら、きっと……、いや、ちょっと待ってください。楽しいという感情を持つのは簡単ではないのでしょうか？　そう、本来そうであるべきなのに、私たちの多くにとってはそうではないのです。大多数の人間は自分たちの感情に対し、ときに楽しい感情に対してですら、ある程度の違和感を持っています。感情が近づきだすと不安が押し寄せ、急にその流れを止めてしまうのです。もしくは、本当に自分が感じていることを感じる代わりに、ひたすら洗濯物をたたんだり家の掃除などし始めたりしてしまうのです。話題を変え、仕事・テレビ・食べ物などで気を紛らわせ、沈黙の殻に閉じこもるのです。私たちは、自制《コントロール》を保つためならなんでもする名人だと言っていいでしょう。

つまり私たちは**感情恐怖症**なのです。自分たちの感情が怖いのです。

一種の恐怖症

心理学の専門用語では、なにか特定の物やその類（クモ、高所、閉所、等々）に対する度を越えた説明しがたい恐怖のことを、恐怖症（phobia）と言います。しかし、ハーバード医大の心理学者レイ・マッカロウ博士が提案し、それを「感情恐怖症（affect phobia）」（McCullough, 1997）と名づけたように、私たちは自分自身の感情に対して恐れを感じることがあります。そして自分の感情を恐れる人は、この章の冒頭に登場したリサやアレックス、そしてケイトのような行動をとるのです。

あなたは、自分の気持ちに近づいたときにどうなるか、どんな説明をするでしょうか？　緊張や不安を感じ始めていますか？　もしくは、心配や懸念を感じると説明するでしょうか？　不快感はどうでしょう？　これらの様々な形容詞はすべて恐怖に関連しています。なにかが原因で私たちは尻込みし、後戻りしたくなるのですが、それは脅威やなにか恐ろしいものに対する自然な反応なのです。そのなにかに、自分は一切関わりたくないのです。

感情恐怖症によって、私たちは自らの感情から逃げ出したくなってしまうのです。

†

私自身の感情恐怖症の問題がもっとも顕著になったのは、博士課程の卒業式の日でした。私は永遠のようにも思われるこの瞬間を夢見ていました。ついにゴールに到達し、博士号のメダルを受け取ろうとしている——私は、ただ甘美に酔いしれればいいはずでした。

列に並んで式の開始を待ちながら、私はそれまでの数年間に成し遂げた成果のすべてに思いをはせようとしていました。猛勉強、そして乗り越えてきた困難のすべてに。しばし立ち止まってこの瞬間を存分に味わい、栄光のすべてに浸りたかったのです。にもかかわらず、そうしようとすればするほど、できませんでした。私は動揺し、苛つきました。

両足を踏ん張って無理やりじっと立ったまま、私は気持ちに余裕を持とうとしました。

誇らしい気持ちが、さざ波のように湧き上がってきます。**さあくるぞ**、と私は思いました。しかし、誇らしい気持ちに触れそうになったそのとき、不安の波が消し去ってしまったのです。

クソっ！　なにが起こったんだ？　がっかりしながら私は頭をひねりました。**もう一度やってみるか。**

私は息を吸い込むと、いい気分を呼び起こしてかたちにしようとしました。再び深呼吸すると、わずかな幸せのざわめきがはじけだしました。けれども、しっかりとつかむ間もなくそれは立ち消え、へんな罪悪感にとらわれました。まるで、私は幸せになるべき人間ではないかのように。まるで、私がもし本当にいい気分になったら、なにかひどいことが起こるとでもいうように。

こんなのおかしい、と私は思いました。**待ちに待った瞬間なのに。ワクワクしていいはずなのに！**

突然トランペットの大音響が鳴り響きました。私の前の列が進み始めると、心臓の鼓動が早まりました。私は長く伸びた通路を歩いていきました。広々とした部屋は、誇らしげな親や親戚、友人たち、そして期待でざわついた空気で満たされていました。私は自分の家族を探そうと、この難局を乗り越えようと、出席者のなかに知っている顔がないか見渡しました。すると、ふたりの姉が遠くに立っているのを見つけました。こちらと目が合ってお互いの姿を確認すると、私たちは興奮して笑顔で手を振り合いました。姉たちが涙をぬぐっているのが見えました。

ちょうど自分の席に着こうというそのとき、私は突然感情に圧倒されました。そして、泣きだしてしまったのです。それはまるで、足下の床にひびが入り、そこからあふれ出す巨大な波に飲み込まれてしまうかのようでした。私は席に座ると、このあふれ出る感情に負けまいと気を引き締めました。そうして気を取り直すと、内心震えているのを誰にも気づかれないように、身じろぎひとつせずに座っていました。

あれはいったいなんだったんだろう？ 不思議でした。**それにどうして涙なんだ？** 姉さんたちの目にうつる愛情に心を動かされたからか？　自分の目標達成に感動したからか？　それもあるでしょう。でもそれは、苦痛の涙、理解不能で腑に落ちない涙でもありました。だから私は、それらを押しやり、どこか遠くのかなたへと消し去りました。

その後、気づかれることなく式をなんとか乗り切ると、私は笑顔を取り繕い、家族を探しに行きました。しかし人混みのなかに集まって立っている家族と出くわしたとき、母はなにかおかしいと気づきました。

「なに、あなたどうしたの？」と母は心配そうに尋ねました。

涙が再びあふれ出し、私は首を横に振りました。「ずっとつらかった。本当に大変だったんだ」と私は言いました。笑顔を作ろうとしましたが、だめでした。この深く、わけの分からない悲しみに圧倒されて、私は再び泣きだしました。

私の家族はいぶかしげな表情を浮かべて立っていました。姉はあきれ、叔母は当惑し、父は顔を背けました。私は恥ずかしさでうつむき、悲しみを押し戻してぐっと飲み込むと、幸せいっぱいの卒業生を演じようとしました。

家路に向かう車中では、解放感や満足感もなく、うれしさなど微塵も感じませんでした。期待していたような歓びの気持ちはほとんどありませんでした。私は窓の外を建物が過ぎては消えていくのをただぼんやりと見つめていました。あるのは、ただ強い孤独感だけでした。

これは、自分にとってうれしい瞬間になるはずでした。誇りと深い満足感に満たされ、姉たちや家族の愛情への感謝の念と最高の幸せを感じ、そしてこうした気持ちを喜び合うはずだったのです。今にして思えば、感情恐怖症がどんなに自分の体験を阻害し、自身を苦しめ遠ざけていたのかが分かります。長年にわたって押し込まれた感情が私のシステムを詰まらせて、気持ちに寄り添い、つながり、あらゆるよいことを自分のなかに取り込むのを実質不可能にしてしまっていたのです。そして、その圧力があまりに強烈になったために、うっせきした感情が一気に噴き出し、それが完全に私を打ちのめし、困惑させたのです。こうした感情をそれぞれ見分けることが私にはできませんでした。

当時は、そんなこと、まったく見当もつかなかったのです。

サインに気づくこと

程度の差こそあれ、私たちのほとんどは自分の感情を自由に感じ、表すことを抑制されています。しかし、多くの人はなにが起こっているのか、気づいていません。恐怖感には気づくかもしれませんが、なにがそれを生じさせているのかについては見当もつかないのです。自分の不安をどうにかしようとするあまり、その下にあるものを見ることができないのです。さらには、あまりに感情と断絶されすぎて、こうした不快感にすら、ほとんど気づいていない場合も多くあります。私たちの苦痛の全貌は意識のすぐ裏に隠され影を潜めていますが、私たちのすべての行動をコントロールしています。私たちは、あまりにも感情と隔絶し、感情を避けるのに長けているため、なにが起こっているのかさえ分かりません。感情がまだ出てこないうちに遮断してしまうほどのスキルを身につけてしまっていることにも気づいていないのです。実際、感情をうまく避けられるようになりすぎてしまったために、自分のなかに感情があることさえまったく気づいていなかったりするのです！　私の勧める4段階アプローチの最初のステップは、自分の感情とそれを回避するために使っている具体的な防衛に気づくことなのですが、まずは、自分の感情との一般的な関係についてちょっと気づきを高めることから始めていきましょう。

自分の気持ちが怖い？

感情に対する違和感や陰で起こっていることについて、たとえ気づいていなかったとしても、少し考えれば感情恐怖症のサインを見出すことができます。少し立ち止まり、自分の感情に対してあなたがどう反応するかを考えてみましょう。なお、ここに並べた感情恐怖症の一般的なサインはこれがすべてというわけではないので、あなたが自分の感情をどれだけ違和感なく受け入れているか理解するヒントとして役立ててみてください。

一般的に感情が怖い

- 感情的になりそうな状況（悲しみに暮れていたり病気だったりする友人を訪れる、仕事をやめるときに同僚に別れを告げる、業績を認められる、大切な人との不和や失望に対処するなど）を避ける。
- 実際には別の感情（悲しみ、怒り、恐怖など）を抱いているときに、笑顔を作ったり笑ったりする。
- じっと自分と寄り添うことが難しく感じられる。
- やりたいことを考えすぎて、頭のなかで考えを巡らせるばかりで行動に移せない。
- 状況について絶えず文句を言うものの、それを変えるためにはなにもしない。
- 常に自制《コントロール》する必要がある。
- 自分の感情について問われると、どう感じているか分からず途方に暮れてしまう。

他人と感情的に近しくなることや親密になることが怖い

・自分のなかでなんらかの感情が湧き上がってくると、他人、おそらく親しみを感じている相手からでさえも物理的に遠ざかろうとする。
・誰かといるときに沈黙の瞬間があると不快に感じたり緊張したりする。
・特別の感情を抱くことに対して、当惑したり恥ずかしいと思ったりする。
・長時間目を合わせると居心地が悪い。
・相手が気持ちを表すと、不安になる。
・自分の内面で感じていることを認めたり率直に表現したりすることができない。

悲しみや嘆きが苦手で避ける

・人前で泣くことをよしとせず、涙をこらえてしまう。
・傷つきやすい、または、そう思われることを恐れ、弱く見られないためにまるで動じていないかのように振る舞う。
・泣き止むことができなくなるのでは、自制心《コントロール》を失いおかしくなってしまうのでは、と心配する。

怒りや自己主張が怖い

・決して怒らないようにする。
・長いことなにかに対しイライラし憤慨している。
・手遅れになるまで怒りの感情を避け、結果的に怒りをあちこち爆発させたり癇癪を起したりする。

・自分の怒りを直接的に表すのではなく、消極的な態度をとることで表そうとする（遅く現れたり、電話を返さなかったり、なにかをわざと忘れたりするなど）。
・自分のために立ち上がり、周りと異なる自分の立場をはっきりと表明することが難しい。
・いい人でいなければいけないと思いながら、内心では怒りを感じ、自らを悪い人間だと責める。

幸福感や喜びが怖い

・本当の喜びやうれしさを、長い間感じることができない。
・自分の業績を否定したり、いい気分になることを後回しにしたりする。
・誇らしい気持ちや幸福感を、人と共有することができない。
・周りの自分に対する褒め言葉や称賛を、素直に受け取ることができない。
・自然体でいることが難しい。

程度の問題

これらの症状のいずれかに心当たりはあるでしょうか？　いくつも当てはまるかもしれませんし、あるいはほんの少しだけかもしれません。それは、私たちが自身の感情に対して抱く恐怖の程度がそれぞれ異なるからです。自分の感情に近づいたときにどれだけの不安や恐れを感じるかによるのです。

なかには、どんな感情を抱くことも怖いと感じる人もいます。恐怖があまりにも強いために、彼らは感情が表に出ようとすることを微塵も許さず、内面で起こっていることを完全に押さえつけます。でも、こうした人々をよくよく見てみると、少し驚かされるかもしれません。一見、無表情な彼らですが、たいていひどく不安を感じているのです。そして、こうしたすべての不安の陰のどこか意識の外側に、感情があるのです。感情がそこにあるということを考えることすら、彼らにとっては気分のよくないものなのです。

こうした人々の真逆にいるのが、非常に感情的で、自分の感情を一貫して調節することができないので、感情を自分のために役立てることができない人たちです。このような人たちにとっての難題は、感情に素直になることではなく、感情的な体験をある程度控えて、調節することです。私がこれからお伝えするいくつかのテクニックは、このタイプの問題を抱えた人たちに対しても役立つかもしれませんが、本書の主な対象は、自分たちの感情とより密接につながろうとする人たちです。

大半の人間にとって、ある特定の感情は違和感なく受け入れられるけれども、他はそうでもない、という場合がほとんどのようです。たとえば、くつろいで友人と笑い合うことは自然にできるけれど、怒りの感情に関しては苦労しているかもしれません。または、怒ることに対しては問題ないけれども、悲しみ、優しさ、親しさといったより「ソフト」な感情はとても苦手かもしれません。あるいは、悲しみについては平気でも、自分が楽しむ時間を取ったり、満足したり、自分の成果を誇りに感じることに対しては違和感があるかもしれません。

ただし、これらはいつもはっきりしているとは限りません。ある特定の感情を感じることが困難なとき、それ以外の感情に対して十分に感じられる能力をも妨げてしまうからです。ひとつでも感情を押さえつけようとすると、すべての感情が影響を受けます。怒りに対する不快感は、愉しさを感じることにも影響しますし、悲しみに対する恐れは愛を感じることにも影響します。その他にも例を挙げればきりがありません。

先ほど出てきた、リサの例を見てみましょう。

すべてはつながり合っている

リサが最初に私に会いに来たとき、自分自身について、ふだんは「天真爛漫」な人間で、楽しんだり、笑ったり、楽しく時を過ごしたりできると話しました。彼女に言わせれば、自分の苛立ちや失望の原因はボーイフレンドでした。もしグレッグが、これほど身勝手で私の気持ちに対して無神経でなかったら、こんなに憂鬱な気分にはならない、そうでしょう？

まあ、そうとも言えます。

グレッグが、もっとリサの気持ちを気にかけていれば、もっとましであったことは間違いありません。でも、リサが自分の怒りを感じて対処できていないこともまた問題なのです。

自分の怒りを避けて押さえ込んだ結果、リサは腹が立ってイライラしたままでした。そして、こうした感情は彼女の日々の生活に浸透してしまっていました。彼女はグレッグとの距離を感じ、一緒にいても気もそぞろでふたりの時間を思い切り楽しめず、セックスに対しても興味を失っていました。さらに、気分が落ち込み、仕事も不満で、以前は楽しんでいたことに対してもほとんどエネルギーが湧いてきませんでした。こうした毎日の生活における様々な問題は、彼女自身が怒りにうまく対処できていないことからきていたのです。まるで、不当な怒りがまだ内面にくすぶっている限り、他の感情の入る余地《スペース》はないとでもいうように。

リサの感情恐怖症に一緒に取り組むようになり、最終的には彼女は恐怖を克服し、感情を受け入れてうまく対処することができるようになりました。最初は、リサが感情的マインドフルネスを培うことができるよう手助けすることから始めました。まずは彼女の行動のずっと深いところで、彼女はグレッグに対してかなり怒っているということを自覚する必要がありました。これが4段階の最初のステップである**気づく**、です。さらに、リサが自分の怒りをどう避けているのかを理解するのも手伝いました。自分の感情を振り払い、(「自分は疲れているだけだ」「私はグレッグに対して厳しすぎるのだ」などと)正当化して感情を退け、怒りを押し込めたり飲み込んだりしようとしていることに、リサは気づき始めました。次に、リサが自分の感情に触れそうになると感じていた不快感の和らげ方を習得できるよう手伝いました。これがプロセスの第2番目であり、私が**恐怖を鎮める**と言っているものです。リサは、身体上で感じられる緊張に意識を向け、筋肉をリラックスさせ、そして感情的体験に息を吹き込む方法を学びました。練習によって、彼女は怒りという内面的な経験に対して安心して心を開くことができるようになり（3番目のステップ、**感じきる**）、そしてそこから見出したポジティブなエネルギーを役立てることができるようになったのです。自分の感情に、よりうまく対処し、感情をグレッグに伝えられるようになると（4番目のステップ、**心を開く**）、リサはグレッグとの関係だけではなく、自分の生活に関する他のすべてのことでも状況が改善したのです。ハッピーで、仕事に対してもやる気が湧き、人生への新たなエネルギーが感じられました。リサの言葉を借りれば、まるで「本質的な生命力がよみがえった」かのようでした。

私たちの取り組みが終わりに近づいたころ、リサは私にこんな体験を語ってくれました。

†

リサとグレッグが、ふたりだけの時間を過ごそうと、週末に出かけたときのこと。金曜日に仕事を終えた彼らは山間リゾートに向けて車で出発し、眠い目をこすりながら夜遅く目的地に到着するとそのままベッドに倒れこんだ。仕事で多忙な長かった一週間がやっと終わり、数日ゆっくりできることにほっとしながら。

翌朝、日の差し込む部屋で目を覚ますと、リサはベッドを出てカーテンを開けた。すばらしい景色が目の前に広がった。朝日が湖面でかがやき、空に届きそうな巨大なモミの木が聳え立っていた。

「グレッグ、これを見て」と彼女は言った。

彼はのんびりと窓辺へやってくると彼女の肩を抱き「うわあ、なんてきれいなんだ！」と声を上げた。

ふたりは肩を寄せ合ったまま静かに立っていた。平日の仕事のわずらわしさも徐々に消えていった。**私たちに必要だったのは、まさにこれだわ**、リサは温かな光に包まれながら思った。

朝食のあと、リサはカメラを取りに急いでいったん部屋へ戻った。エレベーターでロビーへ降りると、遠くにグレッグが携帯電話を片手にうろうろ歩き回っているのが見えた。

リサは、自分のなかで沸き上がるものを感じた。**職場の誰かと話しているに違いないわ**、そう考えるとイライラした。**この週末は仕事から離れるってふたりで決めたのに。**グレッグは彼女の姿を見ると、急いで電話を切った。

「今の、誰？」リサは彼に近づきながら尋ねた。

「いや、誰でもないよ、ただメッセージをチェックしてただけさ。さあ早く行こうよ」

トレイルへ向かう道すがら、リサはグレッグが気もそぞろなのに気づいた。明らかに仕事のことで頭がいっぱいのようだった。リサは、自分のなかでなにか焼けつくような感覚が膨らんでくるのを感じたが、それが怒りだということが今は理解できた。しばらくの間、彼女はそれをやりすごそうとした。が、そこではっとした。

「このままではどうなるかは分かっていました」彼女は私に笑顔で言った。「週末中ずっとプンプンしていたはずです」。代わりに、彼女はいつもと違う行動をとった。

「ねえ、グレッグ」と彼女は言った。「私、怒っているの。週末は仕事のことは考えないって約束したでしょ」

「誰とも話してないってば。メッセージをチェックしていただけだよ」と彼は言い訳がましく言った。

リサは再び怒りが湧き上がってくるのを感じたが、頑張って続けた。

「メッセージをチェックしようが、誰かと話していようが、変わりはないわ」彼女は主張した。「今あなたは仕事のことを考えているでしょう。気が散っていて、それがふたりの時間に影響しているのよ」

グレッグは目をそらし、しばらく黙っていた。自分のなかのなにかと格闘しているようだった。やがて、彼はため息をつくとリサのほうに向き直り、真面目な面持ちで言った。「君の言う通りだ。悪かった。どうしても仕事から離れられないことがときどきあるんだよ」

リサは彼の目に後悔の色が浮かんでいるのを見て、自分のなかの怒りがひいていくのを感じ、それはすぐに安心感に取って代わった。すごい、**今までと違うわ**、リサは思い、再び温かい気持ちがよみがえった。ふたりは手を取り合って一緒に歩き出した。

こちらを見るリサの目は潤んでいました。それは、悲しみとは違いました。それは、感動の涙でした。

「本当にすてきな週末を過ごすことができました。グレッグをとても身近に感じることができたんです」

「それはどんな感じだった?」と私は尋ねました。

「すごくよかったです」と彼女は答えました。

私は、グレッグとの一件にうまく対処することができた自分、努力を重ねて自分の気持ちをきちんと表せるようになった自分に対して誇らしげに、そして、うれしそうに背筋を伸ばして座っているリサをあらためて見ました。「うん、今までとはぜんぜん違うね」と私は言い、深い理解のある笑顔でお互い微笑み合いました。

†

自分の感情にもっと寄り添い、伝えられるようになるとは、こういうことなのです。健全な自意識を持ち、きちんと主張して自分のニーズを満たし、自分の成果に対して誇らしく感じ、深い喜びの瞬間を感じることができる。悲しいときは泣き、誰かを失ったときは嘆き、脅やかされたり攻撃されたりしたときは怒りが燃えるのを感じる。他人との親しい関係を楽しみ、温かく愛しい気持ちを感じることができ、思い切り愛し合うことができる。

すばらしいと思いませんか?

なぜそうする必要があるのか?

いや、もしかしたら、あなたはまだ疑っているかもしれません。ここまでとりあえず読み進めてきたものの、心のどこかではこう思ってるかもしれません。**感情なんて、ただ邪魔なだけではないか? 感情はわけが分からな**

い！　状況を悪化させてめちゃくちゃにするだけじゃないのか？　結局自分は感情のなかでただおぼれてしまうのではないか？　こんな自分の感情に取り組むよりも、ただ思考に頼って物事を乗り越えればいいのではないのか？

あなたがこのような疑問を持っていたとしても、驚くにはあたりません。これらはよくある思い込みだからです。私のクライアントの多くは、最初にやってきたときに同じことを言います。まず自分の感情を掘り下げてみようと勧めると、みな「それには、なにかよいことがあるのか？」とか「そうすると、どうなるのか？」などと聞くのです。それに対して私はだいたいこう答えます。「今まで自分の感情を意識して**こなかった**ことで、どんなよいことがありましたか？」と。

もし、自分の感情を避けていてもあなたが平気ならば、これ以上読み進めることはありません。ただやってきたことを今まで通り続ければよいのです。壊れていないものを下手にいじることはないでしょう。

でも、もし、あなたが本書を手に取ることを選んだのであれば、自分の感情を避けていることで問題が生じ、行き詰まっていると言ってほぼよいでしょう。あなたは前に進みたいと思っていますが、いくつか正当な疑問も抱いています。

ではここで、いくつかあなたの心配にお答えしましょう。

「感情は事態を悪化させて、めちゃくちゃにし、邪魔をする」という古い論議

あなたの感情が事態を悪くしているのではありません。問題を起こしているのは、それらの感情を拒絶したり追い払ったりするために、あなたがしていることのほうなのです。

もちろん置かれている状況によっては、気持ちのおもむくままに行動するのではなく感情を抑え、調節すべきときもあるでしょう。しかし一般的に、感情を断ち切り、自分のなかでそれを感じることすら許さない場合は、本来の自然の流れに逆らっているのです。人間である私たちは、感じ、そして感情的につながろうとするようにできています。実際、私たちの感情は神経生物学的な組成の一部であり、それは周りの環境におけるなにかに対する直接的な反応として脳から送られる信号なのです。自分の感情を無視したり、押し込んだり、抑えようとしたりすることは、あなたにとって最善になるようデザインされている本来のプロセスを、短絡化《ショート》させてしまうことなのです。

進化の視点から考えてみましょう。感情は、私たちが種として生き残るのに重要な役割を果たしていました。先史時代の人間たちが、もし向かってくる獰猛な獣に対して感情的な反応を持ち合わせていなかったら、荒野で生き長らえることはできなかったでしょう。恐怖という感情によって心臓の鼓動が早められ、それによって足に血液が送られ、そして走るよう駆り立てられたのです。また、他人との親密な感情的な絆がなかったとしても、生き延びることは難しかったでしょう。この絆によって安全で守られていると感じることができ、途方もない困難にもかかわらず、勝ち残ることができたのです。

要するに、感情というものは、私たちの存在に不可欠であるからこそ、何百万年もの間に発達し、存続してきたのです。

今の私たちの生活のなかで、感情がどのように大きく役立っているか考えてみましょう。

興奮や歓びは、自分の関心があることを始めたり、関わったり、続けさせようとします。愛は、大切な人のそばへと近づき、より深く心を開き、分かち合いたいと思わせます。怒りは、自らを守り、防御し、必要なときには境界や限度を設け、声を上げ、聞いてもらおうとさせます。嫌悪感は、背を向けて退き、有害な可能性があるものを避けるようながします。嘆きと悲しみは共に、ペースを落として自分を悲しませているもの（死、失望、心の傷など）に対処するための時間を取り、泣き、自らの苦痛を語り、人から慰めを求め、自分を労わるためにすべきことをし、気持ちを切り替えて前へ進ませようとします。

これらはみな、健全なことではないでしょうか。

このように基本的に感情というものは、人生を向上させるような前向きな方法で、人生や目の前の様々な状況に対処するよう私たちを動かし、導いてくれるのです。脳神経学者のジョセフ・ルドゥーが記しているように「(感情は)そのときどきの行動の指針を示すと共に、長期的な目標に向かって方向を定める」のです(LeDoux, 1996)。そして自分の内面で起きていることを伝え、他人と順応してつながるのに役立つのです。

健全な方法で対処することができれば、感情は状況を悪化させるのではなく**好転**させるのです。

感情におぼれること

感情におぼれ亡くなった両親のことを悼むことを恐れたアレックスのように、あなたも自分の気持ちにオープンになることで感情におぼれてしまうのではないか、と心配しているかもしれません。しかし、感情におぼれることと感じることは明らかに異なります。おぼれるというのは、感情にはまり込んでしまったときに起こるものです。それは、私たちが感情を最後まで完全に感じきれず、感情のエネルギーの流れとそれらが本来導こうとするほうへ従わないときに起こるものなのです。

アレックスが、悲しみにおぼれてしまうのではないかと心配だったと話してくれたとき、ちょうどいい機会だったので、私は感情には終わりがないという、よくありがちな誤解について取り上げました(ちなみにこれは悲しみに対する典型的な防衛です)。私は「すべての感情には自然な流れがあります。波のように湧き上がってピークに達し、そして消えてゆく。感情をあますことなく感じられれば、それはさほど長くは続かない。何分か、ときには何秒かしか続きません」と説明しました。

「本当に?」アレックスは信じられないというようにこちらを見ましたが、私には彼の考えていることが分かりました。

私はアレックスに言いました。「恐怖や不安、鬱《うつ》などによって私たちの自然な感情の流れが阻害されたり、防衛的になったり、またはなにか手に負えない事態に直面したときに必要な助けを得られなかったりしたときに初めて、私たちはどの方向へも完全に進むことができずに板挟みになってしまうのです。自分の感情を本当に感じることで、それらにおぼれずに前へ進むことができますよ」

アレックスは分かったというようにうなずくと、涙が頬を伝いました。それは、彼が自分の気持ちを自然に出せるようになってきた証拠でもありました。

†

その後、自分の気持ちにオープンになることに対してアレックスの恐れが消えたわけではないし、私の言葉によってすべてが様変わりしたわけでもありません。しかし自分の悲しみが永遠に続くものではないということ、そしてこのプロセスには実はメリットがあるのだと知ることによって、アレックスの不安は以前よりも少し減り、より健全な方向へ向かうことができるようになりました。恐怖を取り出し、現実の光の前にそれを照らし出すことは、恐怖を軽減するのに役立つことが多いのです。不安や恐れについては、第5章「ステップ2——恐怖を鎮める」でさらに取り上げたいと思います。

予想通りアレックスの恐怖の陰には、他の様々な感情に混じって深い悲嘆がありました。それは、両親を亡くしたことだけではなく、生前の両親との親しさの欠如に対する悲嘆でもありました。アレックスの気持ちを一緒に見ていくうちに、彼はどんなに自分が感情を避けていたのかということを理解するようになりました。このプロセスに圧倒されることなくより対処しやすくするため、私たちはアレックスの抱えていた様々な感情（悲しみ、怒り、罪悪感、愛）を明らかにし、ひも解いたうえで、意識的にそれぞれの感情を感じる作業にしばらく時間を割きました。それぞれの感情を感じることで、アレックスは深い解放感と新しく生まれ変わったような感覚も味わいました。生きている実感がより湧き、自分そして周りの人々とのつながりをより感じられるようになったのです。そして、感情におぼれることをそんなに心配することもなくなったのです。

思考に頼るほうがまし？

合理的精神、つまり、物事をじっくり考え理性を働かせる能力を有することは、望ましく必要なものです。まさに、長い間、思考こそが私たちのメンタルヘルスにとってもっとも肝心なものだとみなされていました。今日ではもっと理解が進み、**感情的**精神《マインド》も私たちの幸福や健康（well-being）において基本的な役割を担っていることが分かっています。

ちょっと考えてみましょう。もし私たちの合理的精神にそんなに力があるのなら、なぜ往々にして感情が思考に優先するのでしょうか？　たとえば「怖がることなどなにもない」などと頭では分かっているのに、感情のせいでそう思えないのはどうしてでしょう？

ケイトを例に取ってみましょう。彼女は何か月もの間、休暇を夢見ていました。それなのに、ついにそのときが来たら楽しめないのです。不安に襲われ、楽しむことに対して罪悪感を持ち、自由にちょっと楽しんだらまるでなにか悪いことが起こるのではと心配しています。

ケイトの心配は非合理的です。彼女は休暇を取ることを十分承知していたし、楽しむことになんの問題もないことも分かっていました。また、なにかよくないことが起こったとしても、対処できると分かっていました。それなのに、彼女の心配と恐れはいつも思考に勝ってしまうのです。

明らかになにかがケイトの心の奥で起こっていたのに、なぜそれに打ち勝つことができなかったのでしょう？どうして彼女はそれについて合理的に対処し、理性で感情を否定することができなかったのでしょうか？

その答えの一部は、私たちの脳の働き方にあります。

感情がどのように思考を凌ぐのか、冒頭で私が述べたことを思い出してください。近年の技術的な進歩によって、科学者たちはより厳密に脳の働き方について理解できるようになりました。ジョゼフ・ルドゥーは『エモーショナル・ブレイン――情動の脳科学（原題：The emotional brain: The mysterious underpinnings of emotional life）』という大変興味深い著書のなかで、脳の感情をつかさどる部分から思考をつかさどる部分へ走る神経の連結のほうが、その逆に比べて実際ずっと強くて数も多いことを明確に示しました（LeDoux, 1996/2003）。これにより、なぜときに感情は思考を圧倒し支配するのか、理性だけではなぜ強い感情を制御することが難しいのかということを説明することができるのです。

思考で感情を支配しようとするのは、まるで水の流れに逆らって泳ごうとするようなものなのです。潮流に逆らうよりも、自分たちの感情を受け入れて取り組む方法を学ぶほうが楽というものでしょう。

感情から得られる貴重な情報

ちょっとしたテストをしてみましょう。感情にまったく頼らずに決断をしようとしているとしてみてください。5年後にどんな人生を送っていたいか決めてみましょう。10年後は？　自分の感情を考慮せずに自分のパートナーや伴侶を決めるとしたらどうでしょう。試しにやってみてください。事実上それは不可能なことが分かるでしょう。感情を抜きにしては、自分の下した決断がどう自分に影響を与えるか分からないのです。

感情恐怖症の人が悪い決断を下してしまったり、望ましくない人間関係や状況にとらわれたままになってしまったりする理由のひとつがここにあります。私たちは自分の内面の感情に耳を傾けて信じること、直観を信じることを恐れすぎているのです。もちろん、関連する情報を認めずに、自分の感情だけを頼りに決断を下すのもまた問題です。指南役として自分の気持ちと相談しつつ、その過程で他の有用な情報も取り入れるというのが効果的なやり方です。思い切って自分の気持ちにしっかりと寄り添い、意識を向け、それらが伝えようとしていることに耳を傾けることができるのなら、自分のすべきことがもっとはっきりと理解できるでしょう。また、前進して変化を起こすために必要なモチベーションとエネルギーを見出すこともあるかもしれません。

生きるべきか死ぬべきか

あなたという人の根幹をなす、あなたの個人的なアイデンティティーのほとんどは、どう感じ、どう反応するかによって形作られています。あなたの好きなものや嫌いなもの、うれしくなったり悲しくなったり興奮したりするもの、楽しかったり嫌だったり苛つかせるもの、またはカッとさせるもの――これらはすべて、あなたがどういう人間であるかを顕著に物語っているのです。

気持ちのなかにこそ、私たちは自分の本当の姿を見ます。自分の感情を避けたり否定したり、押さえつけたりするとき、私たちはある意味で自分自身を否定し、自分の声を押しつぶし、そして自らの可能性と力を犠牲にしているのです。

†

あなたにはこれまで、飽きるほど繰り返し聞いた歌が、ある日突然、まったく今までと違うふうに聞こえてきた経験はあるでしょうか？　私が当時5年間付き合っていた人との関係が、本当に自分にふさわしいのか大いに悩み、人生で困難にぶつかっていたときに起こったのが、まさにそんな体験でした。

ある朝、いつも通りに仕事に出かける支度をしながら、私はちょっと気分をあげようとCDをかけていました。歯を磨いていると、ミュージカル「The Baker's Wife」に出てくるステファン・シュワルツ（Stephen Schwartz）の歌「マキバドリ」が始まりました。それまで何度となく聞いた大好きな歌です。しかし今回は歌詞が耳に止まり、不思議と共鳴して引き込まれました。

この女性歌手は、天使のような美しい声を持っているけれど目が見えないマキバドリ（鳥の一種）の物語を歌っていました。ある日、年老いた王がマキバドリを見つけます。王はマキバドリを城に連れて帰り、彼のために歌を歌いさえすれば、財の限りを与え残りの人生は面倒をみようと約束します。よい話だと思ったマキバドリは同意し、長いことそれで満足していました。

ある日、川岸でマキバドリが歌っていると、太陽の神が偶然彼女を見つけました。歌声を聞くなりすっかりその美しい声の虜になってしまった太陽の神は、マキバドリに視力を与えます。マキバドリは目を開けると、目の前に立っている美しい若者に目を奪われてしまいます。太陽の神は、世界の果てまで一緒に飛んでゆき、マキバドリが密かに望んでいたものでいっぱいの人生を送ろうと彼女を誘います。

マキバドリは一緒に行きたくてたまりません。切望していたような人生、これまで自分に禁じてきたような人生を生きたいと願います。しかし踏み出せません。彼女は恐れていました、年老いた王を傷つけてしまうことを。羽を広げ、はばたくことを。自分の気持ちに忠実になることを。王を傷つけるなんて耐えられませんでした。だから太陽の神を拒否しました。

がっかりした太陽の神は別れを告げて飛び去ります。その日遅くにマキバドリを探しに来た王は、冷たくなったマキバドリが地面に横たわっているのを見つけます。マキバドリは死んでしまったのです。

その場面を歌っていたとき、なにかが私のなかで解き放たれました。かつてないほどの深い気づきに衝撃を受けて私は泣きだし、それはすぐにすすり泣きに変わりました。心のどこか奥深くから掘り起こされたこの途方もない悲しみが、せきを切って噴き出してきて波のように次々と押し寄せてきました。

卒業式の日と違って、このときは自分がなにについて泣いているのかは分かっていました。

私自身がまさにマキバドリだったのです。彼女の物語は私の物語でした。自分の心に従い、自分の感情を信じて、それについていくことをとても恐れるようになっていました。そして、自分の本質をつかさどる部分――自分が欲し、望み、納得できることとできないことを知っている、生きていくために不可欠な深い感情の中核《コア》――つまり真の自分自身を無意識のうちに切り離してしまっていたのです。それは内面に閉じ込められ、恐怖で縛られていました。そして見失われていました、長い長い間。

でも、もうそれも終わりでした。自分の本当の声を聞くことができた今、マキバドリのようになってしまうことはできませんでした。私にはなにをすべきか分かっていました。付き合っていたその人と別れ、前へ進むこと。でもそれは簡単なことではありませんでした。実際、今まで私がしたことのなかでももっともつらいことのひとつでした。困難で怖く感じることもありましたが、心の奥底では正しいと感じていました。もうこれ以上自分を犠牲にはできませんでした。私は、自分の心の声を聞く必要がありました。

素直に感じ、感情の導きに従って日々過ごすことには勇気がいります。自分を内面に閉じ込めているこうした縛りを解くことで、感情が湧き上がり、充分に感じることができるのです。それに従ってあなたも高く上昇することができます。冷たくなったマキバドリのように自分の気持ちと自分自身を閉じ込めるのではなく、あなたの真の可能性を手に入れることができるのです。

次章では、私たちが日々どのように、そしてなぜ自らを閉じ込めてしまうのかについてさらに述べます。なぜ自分を抑えつけてしまうのかを理解することは、最終的に自分の気持ちや自分自身を完全かつ広範囲にわたって感じ、伝えられるようになりたいと願う私たちにとって、重要なステップです。いきいきと活力を感じ、愛する人とより深いつながりを感じ、ありのままに感じて生きる人生から得られる豊かさ、充足感、満足感を楽しむことができるようになるために。

すでにあなたは自分の内面の感情をもっと知り、それと調和していくための道のりを歩み出しています。自分自身を知るための道のりを。

【この章のキーポイント】

・感情というものは生まれつき私たちが持っている性質の一部であり、よってすでにプログラムされた反応である。
・私たちの感情は、私たちのために存在している。
・私たちは自分の感情のなかにこそ、正真正銘の自分の姿を見る。
・程度の差はあれ、ほとんどの人は自らの感情を恐れている。こうした恐れは感情恐怖症と呼ばれる。
・感情ではなく、防衛によって私たちは行き詰まってしまう。
・押さえつけられた感情は、広範囲の身体的、感情的、心理的問題を引き起こす。
・感情は波に似て自然な流れがある。それは盛り上がり、ピークに達し、そして消えていく。
・私たちの脳は、感情が思考よりも強く、素早く作動するようにできている。
・感情は、決断の過程で欠かせない指針となるものである。
・あなたという存在の中核《コア》は、なにをどのように感じるかということによって形作られる。感情を避けようとするとき、あなたは自分のアイデンティティーを押さえつけ、自分の真の可能性を妨害している。
・自分の感情に真正面から向き合うことは勇気がいることだが、それによって得られるものはとても大きい。

第2章　どうしてこうなっちゃったんだろう？

歴史はどんなにつらくとも、やり直すことができない。
しかし勇気を持って向き合えば、それを繰り返すこともない。
――マヤ・アンジェロウ

カレンは、もう15分近くも夫との間に抱える様々な問題について話していましたが、私は依然として彼女が本当のところどう感じているのかよく分かりませんでした。過去5年間に積もりに積もった困難で、彼女はもう限界でした。少なくとも彼女に言わせればそうでした。でもそれは、必ずしも私の印象と一致していませんでした。黒いまっすぐな髪と大きな茶色い瞳、おしゃれな服装。私の前に座り、自身のつらい体験を語る彼女は、笑顔でした。

この笑顔の意味をいったいどうとらえればいいのだろう？　私は思いました。**なんだか不自然だ。これは神経質な笑みなのだろうか？　恥ずかしいのだろうか？　私にどう思われるのか心配しているのだろうか？**　ある意味で子どもっぽく見える彼女の表情は、本当の気持ちを隠す仮面《マスク》でした。それは、あまりにも不安が強くなり、まるで壁かそそり立つ要塞のように、他人はおろか自分自身をも自らの感情から遠ざけてしまっていたころの私自身を彷彿とさせました。

カレンの笑顔の陰にあるものはなんだろうか？　私は考えました。**彼女は、なにを無意識に、そんなにも必死に、覆い隠そうとしているのだろう？**

「カレン、今あなたが感じていることを聞いてもいいかな？　あなたは私にこうして抱えている苦痛の数々を話してくれているけれど、その間もほとんどずっと笑顔だね。あなたがどんな気持ちでいるのか、いまいちはっきりしないのだけど」

カレンは一瞬間を置き、そして答えようと試みました。「よく分からないけれど」と彼女は言いました。「その、まあ、腹を立てているんじゃないかしら」

彼女が自分の気持ちを分かっていなかったことは、驚くことではありませんでした。まだ自分の感情に触れていない、感情的にまだ充分意識できていないように思えたからです。

「では、ちょっとここで自分自身を探ってみようか」と私は提案しました。「今この瞬間、自分の内側で起こっていることについて、なにか気づくことはあるかな？」

この日のセッションが始まって初めて、自分の内側を探るに従い、彼女の笑顔は消えていきました。「うーん、ちょっとこわばって緊張している感じかしら」

「それは、体のどの辺で感じられるかな？」身体で感じられることにもっと気づくことで、彼女が自分の感情により近づけるようにと私は期待していました。

カレンは胸のあたりに手をやりました。「ちょうどこの辺……ここが締めつけられる感じがする」

「その感覚にただ意識を向けてみてください」私はうながしました。

カレンがその通りにすると、眼に涙があふれました。そして、か細くためらいがちな声で「やっぱりちょっと怖いと感じているみたい」と言いました。

「本当? なにに対してだろう?」私はできるだけ優しく尋ねました。

「分かりません。きっと、先生が思っているようなことだと思うけど」彼女は一呼吸おくと続けました。「変ね、突然自分が小さくなったように感じる。小さな女の子みたいに。そして怖がっている。先生が私のことを悪く思うのではないかと怖がっている。こんなふうに感じている私は悪いと。こんな気持ちを抱いている私は悪いと」

カレンと私は間もなく、彼女がしばしば自分の気持ちに対してこのように感じていたことを見出しましたが、それは私に対してだけではありませんでした。彼女は自分の感情を感じ、信じることに対して居心地が悪くなることがよくあり、そのように感じる自分はどこかおかしいのではないのかと疑っていたのでした。

なにを間違ってしまったのだろう?

カレンが自分の感情に対して半信半疑なのは、なぜでしょうか? 自分のことを悪いと感じてしまうから? なぜ、彼女は自分の気持ちが他人に非難されると思ってしまうのでしょう? どうして、カレンは自分の感情を本当に感じ、信じ、人に伝えることがこんなにも気まずいものになってしまったのでしょうか? さらに言えば、これほど多くの人間が、どのようにして、こんなふうに自分たちの感情を恐れるようになってしまうのでしょうか?

もちろん、私たちは恐れを抱いてこの世に生まれてきたわけではありません。

あなたには自分の子どもがいるかもしれませんし、赤ちゃんのいる家族や友人が周りにいるかもしれません。ここでちょっと、感情を持つということについて、小さな赤ちゃんの様子を考えてみましょう。赤ちゃんの感情は、ただ流れに任せるままだということに気づいたことがあるでしょうか? 乳児といるといつも、その子の感情に対するその自由さに私ははっとさせられます。うれしければ微笑み、笑い、不満があれば泣き、なにか思い通りにいかなければ怒る。彼らは基本的な感情をすぐに表し、伝えてきます。なんという生命力、そして、なんという活力でしょう。こんなにも自然に、そのままのかたちで人間としての体験の豊かさを目にすることができるのは、実にすばらしいことです。

それなのに、こうした感情にあふれた、すばらしい素質は、カレンや、私が仕事上や個人的に出会った実に多くの大人たちとは、きわめて対照的です。断っておきますが、私は、乳児のように感情を制御するなと言っているわけではまったくありません。それではもちろん健全とは言えないでしょう。私たちは、大人の成熟したやり方で自分たちの感情に対処できなくてはいけません。しかし、もし私たちがもともと感情的に制約のない状態で生まれてきたのなら、こんなに自分たちを抑制してしまうようになるのは、なぜなのでしょう？　感情とつながり、思い切り自由である能力を、どのようにして失ってしまうのでしょうか？

その答えは、いちばん幼いころの感情的体験を見ていくと見出すことができます。

始まり

すべての人はみな、感情を持つ能力を持って生まれてきますが、赤ん坊のころの私たちはそれらの感情を持て余しています。それらをどう扱い、または理解すればよいのか、よく分かっていないのです。根本的に私たちは、この新しい感情の世界で生きていく方法を、養育者に完全に依存して教わるのです。

赤ちゃんは、感情を認め、その価値を理解するのを助けてもらうために、養育者に自分たちに同調して感情に応えてもらわなければなりません。怒りや悲しみ、絆への欲求といった感情に対処し、うまく扱うことができるように、とりわけ、そうした感情が激しく手に負えないときにはなおさら、養育者の助けが必要なのです。赤ん坊や幼児がうまく感情を制御できるように養育者が助けてあげると（怖がっている子どもの背中をさすりながら大丈夫だと安心させてあげる、小さな子どもと怒りについて話して、まずは怒りを引き起こすような状況にうまく対応できる方法を身につけ、さらに怒りを建設的に表せるようにする手助けする、など)、子どもたちは感情を充分に感じて体験し、また健全な方法でそれらを表し対処する能力を身につけることができるのです。そして子ども時代に広く様々な感情を体験すればするほど、大人になってからの感情の幅がより広く、柔軟になるのです(LeDoux, 1996)。

養育者が感情的にオープンで、感情に慣れていて向き合うことが上手な場合、この一連の作業はすべて順調に進み、子どもも感情に対する能力を身につけることができます。しかし、ここが難しいところなのです。多くの養育者はこうした素養を持ち合わせていません。私たちの多くが、自分や他人の感情に対して多かれ少なかれ不快感を持っている親のもとで育つのです。実際、感情恐怖症の親に育てられた人もいます。

まさにこれが、ゆがみをもたらしてしまう原因なのです。

愛着に関する研究と乳児の発達に関する研究によると、私たちは赤ちゃんのころ、感情に対して養育者が出すサインにとても敏感だということです。親が、ある特定の感情に対して不快感を持ち、否定的な反応を示すと、それがたとえわずかであっても赤ちゃんは気づくのです。こうして赤ちゃんは、ごく初期の体験から、どの感情が受け入れられ、また受け入れられないのかを鋭く感じ取り、学びます。どの感情が親を不快にさせ、喜ばせ、引きつけ、遠ざけるのかを認識することができるのです。そして、心理学者のダイアナ・フォーシャが著書『人を育む愛着と感情の力(原題:The Transforming Power of Affect: A Model for Accelerated Change)』のなかで述べているように、私たちは主要な愛着関係(primary attachment relationships)を維持するために、自らの安全・安心感を脅かす感情を抑圧することで、持てる感情の範囲を分相応に適応させるのです(Fosha, 2000/2017)。ママのそばにいたり、パパを喜ばせたりするためなら、赤ちゃんはなんでもするのです。たとえば、以下のようなことがあります。

・おもちゃで遊んでいる子どもが、おもちゃがコロコロと手の届かないところに転がっていってしまったとき、苛立って怒る。母親は不安の色を見せ、硬直《フリーズ》してしまう。子どもは母親の苦悩を感じ取り、そのうち怒りの感情を抑えるようになる。

・乳児が手足をバタバタし、キャーキャー歓声をあげて興奮する。父親は、その子が落ち着くようにと、突然背を向ける。子どもは距離を感じ、そのうち興奮する気持ちを抑えるようになる。

・小さな男の子が、隣人の犬に吠えたてられて怖がり泣く。父親は苛立ち、軽蔑的な反応をする。子どもはそのうち、恐怖や悲しみといった傷つきやすい感情を抑圧するようになる。

・あふれんばかりの元気で、外で遊んでいた小さな女の子が家に駆け込み、母親に抱きついてキスを浴びせる。母親は飛びのいて「ばかなことやめてちょうだい」と言う。子どもはやがて愛情や好意といった感情を抑え、触れ合いや安らぎへの欲求を隠すようになる。

・父親の要求に困惑した小さな男の子が「お父さんなんて大嫌い！」と怒りを込めて言い返す。父親はその怒りに対処できず、感情的にも物理的にも子どもと距離を置き、数日間口をきかない。この子は自分の怒りを恐れるようになり、主張することに対して罪悪感を持つようになる。

ここに挙げたようなそれぞれの出来事は、とくに親が子どもと同調してつながることで関係の亀裂を修復する、つまり手を差し伸べ理解し合おうとするならば、長期的な影響はないかもしれません。しかしこういった体験が繰り返されると、子どもは保護者の否定的な反応をもたらす感情を押さえつけ、否定するようになるのです。

子どものころに問題のある感情を抑制することは、安全や安心感といった主なニーズを満たし、主な保護者とのつながりを維持するのに役立つ順応性のあるものですが、その代償は大きいものです。それによって感情を感じ、表現する生まれ持った能力が損なわれてしまうのです。感情的な存在としての成長は阻害され、感情的な能力が抑制されます。そして感情的な自分、そして他人から切り離されてしまうのです。

石のように黙り、島のように孤立する私

カレンの笑顔の裏には、多くの感情が隠されていました。深い苦痛、悲しみ、苦悩、また大きな怒りなどです。押さえつけ、隠すことを律儀に学んでしまった感情の数々。子ども時代に、それらの感情の居場所は彼女の家にはありませんでした。カレンを小さな女の子のような気持ちにさせた恐れの感情と向き合い、それを軽減できるように一緒に取り組むなかで、彼女は自分の子ども時代の様子を私に話してくれました。とくに母親との生活についてです。

†

カレンの母親は感情的に予測がつかない人だった。母親がどんな気分でいるのか、どんなときに突然不機嫌になるのか、カレンにはまったく分からなかった。楽しいときもあったが、同時に怒りっぽく不安定になることもしばしばだった。この「熱したり冷めたりする」気質は家庭内に広く影響していて、他の家族のメンバーはカレンが言うところの「ママの強烈なふくれっ面」を避ける最大限の努力をし、母親に委縮してピリピリしていた。カレンの父親は、妻をなだめて機嫌を保つためにできる限りのことはしてみたが、その成果も長続きはしなかった。

母親はとくにカレンに対して批判的で、些細なことや明らかな理由もなくよくどなりつけた。冬のある雪の日の出来事を彼女は覚えている。学校から帰ってきたカレンは、近所の女の子たちが外で一緒に遊ぼうと誘ってくれたのでウキウキしていた。しかし、漠然とした不安から抜け出せず、娘の喜びも受け入れられない母親は、「私は家にいなきゃならなくてなにも楽しめないんだから、あなたもよ!」とこきおろした。

ちなみに、つい最近まで誰も知らなかったことですが、カレンの母親はレイプの被害者でした。この悲劇的な出来事は、カレンの母親が十代後半だったころに起こり、その結果できてしまった子は養子に出されました。カレンの母親は、このトラウマ体験を秘密にし、忘れ、心の痛みを消し去ろうとしましたが、明らかにどこかで苦痛を感じ続けていました。感情を押し込めることによる有害な影響の証です。この消えない心の傷が、カレンの母親のむら気の一因《いちいん》となっていたことは容易に想像がつくでしょう。

こうした母親の尋常でない行動に対処するためにカレンがとった方法は、できるだけいい子でいることでした。いつもニコニコして従順で、手のかからない子。基本的に、自分の感情的なニーズを退け、母親が不快になったり見下したり、またはカッとしそうなどんな感情も無理やり押し込めることをカレンは覚えたのです。母親を喜ばせるためのそうした努力が報われることもありましたが、努力不足を叱られることもあり、自分はいつももっとできるはずだと思わせられるのでした。しかし、こうしたことすべての裏でカレンは苦しみ、かまってほしい、安心させてほしい、まるごと無条件で受け止めてほしいと切望していたのです。

この「笑顔で耐え抜く」やり方は、ときとしてとても理にかなったものです。自分ではどうにもならない状況に対処するのには有効な方法で、カレンがこうした家族のなかで子ども時代を精いっぱい切り抜けるのに役立ちました。他人を喜ばせ、自分自身の気持ちは顧みないこのパターンは、いつしかカレンの標準的な反応となり、したがって自らの感情的体験、そして夫を含めた一番近しい人たちからも引き離された状態になってしまったのです。子どものころに母親とのつながりを維持するのに役に立ったことが、今や障害となってしまったのです。自分の感情にもっと意識を向けることができるようにカレンを手伝ううち、彼女がどのようにして自分の気持ちを避け、否定することが、ある意味で得意になってしまったのかが徐々に分かり始めました。実際カレンは、感情的に「島」のようだと、以前夫に言われたこともあったそうです。

すべては脳のなかのこと

カレンはもう大人なんだし、母親の気分をもはや心配する必要はないのではないか、と思うかもしれません。自由に自分の気持ちを感じて、本来の自分になればいい、と。このような考え方は必ずしも間違ってはいません。カレンは大人で、本来の自分になるべきです。問題は、彼女の脳が古いプログラムに沿って動いているということです。自分の感情に向き合い対処することで恐怖を克服し、新しく異なる体験をすることによって思考回路を組み直すことができるまで、脳は同じように働き続けるということなのです。

私たちのなかにあるこうした生理学的な動きを理解するためには、どのように脳が発達し働くのかについて少し知っておくとよいでしょう。脳はいくつかの異なる領域からでき、それぞれある特定の役割を担っています。たとえば、脳のある部分では見たものを理解し、別の部分では自分が危険な状態に置かれているかを査定し、また別の場所では運動技能のパフォーマンスを監督する、といった具合です。これらの異なる脳の領域のなかでは、何百万という神経細胞がそれぞれの間にある小さな隙間、すなわちシナプスを渡ってメッセージを送ることで互いにコミュニケーションをとっています。神経細胞間に出来上がった通路は、脳の「配線」となり、それを通じて脳の異なる領域同士がコミュニケーションをとり、調和しながら協働しているのです(Siegel, 2001)。

生まれたときは、1千億個もの神経細胞の大半はネットワークにつながれていません。実のところ、脳の成長というのは、神経細胞間の配線とそのやり直しを伴った継続的な展開プロセスの結果なのです。それでは、いったいなにによって、どう脳が配線されるのか決まるのだろう、と疑問を持つかもしれません。以前は、脳の発達は大半が遺伝によって決まると信じられていましたが、UCLAの精神科医であるダニエル・シーゲル氏が著書『The Developing Mind』のなかで述べているように、いまでは発達のほとんどは体験によるものだということが分かっています（Siegel, 2001）。

使い古された道

森に散歩に行くところを想像してみましょう。森のなかを進むにあたって、あなたは新たな道を築くのではなく、おそらく使い古された道を行くことを選ぶでしょう。しかし、あなたが辿っているその道は、過去のある時点ではそこには存在しませんでした。強い意志を持った誰かがその道を切り開き、そして徐々に他の人々もその人の足跡を辿ったのです。いまやもっとも通りやすくなったその道を、あなたはためらわずに行くでしょう。

このシナリオは、どうやって脳内の神経経路が作られるかを簡単に示したものです。なにかを初めて体験したとき、神経細胞の間に道筋が作られます。同様の体験が繰り返されればされるほど、その回路はもっと強くはっきりとしたものになります。やがてそれは脳の活動状況のなかにとても深く刻み込まれた結果、自動的に信号が走るルートとなるのです。

私たちの脳が、もっとも好ましいかたちで成長し成熟するためには刺激が必要です。とくに大事なのは、他人と触れ合い関わり合うことを通じて得られるような刺激です。親や保護者との関係に関わる幼少期の体験は、私たちの脳がどのように形作られ、回路が張り巡らされるのかを決定する重要な役割を担っているのです。

このプロセスを私たちの感情的な発達との関連で見てみましょう。脳が完全に成熟するのには20年ちょっとかかりますが、誕生後最初の2年間は、脳が驚くべき速さで成長するとても重要な時期です。この時期、脳を形作る体験の大半は、自分の人生において重要な人たちと関わり合うなかで生じる**感情**に基づいています（Schore, 1999）。

再び乳児のころの自分を思い出してみましょう。赤ちゃんですから話すことはできません。自分のニーズや欲求を伝える言葉や言語を持っていません。すべては顔や目、身体を通じた「言語」によって伝えられます。触ったり、音をたてたり、声のトーンやリズムだったり。すべては言葉というより、感情で伝えられます。赤ちゃんは感情を表現することで、周りの人に内側で起こっていることを知らせるのです。赤ちゃんは生まれつき、いくつかの基本的な感情を感じ、表現する能力を持っています。そして急激に感情の範囲は広がります。生後6か月以内には、喜び、悲しみ、嫌悪感、怒りを感じることができるようになり、生後8か月までには恐れを感じられるようになります。その後、年を追って、赤ちゃんの感情的な能力は成長し、より複雑化していきます。2、3歳になるころには、誇り、困惑、恥、罪悪感なども感じることができるようになります(Lewis, 2000)。

幼年期における親との感情的交流は、私たちの脳の働き、そして結果的にどのように感情を覚えるかに多大な影響を与えます。養育者が子どもの感情的表現に好意的に(すなわち同調し、受け止め、励ますように)反応する場合、子どもは自分たちの感情をポジティブな存在感覚と関連づけるようになるのです。父親に向かって「大嫌いだ!」と怒りを込めて言った小さな男の子の例を思い出してみましょう。もし、父親がその場から立ち去り数日間口をきかないなどということをせず、息子との絆を保ったまま彼に応えてあげられていたら、もし感情の爆発を許し、心を開いて怒りの原因を尋ね、感情をそれ以外の方法で表せるよう彼を手助けしていたら、この体験はこの子にとってポジティブで実りの多いものとなったことでしょう。きっと彼は怒りに対してうまく対処することを学び、状況に応じてもっとたやすく自分自身を表現できるようになり、そして感情を前向きな結果を生むものとして関連づけるようになったでしょう。

自分の感情に対する反応が、代わりにもし不安や恐れを喚起させるようなものだった場合、こうした感情は危機感と結びついて記憶のなかに残ります。たとえば、子どもが怒って自分に向かって「大嫌いだ」と言ったとき、多くの親は動揺し、葛藤を感じます。そして子どもに対し、苛立ったり激怒したり、あるいはしょげたり、見下して軽蔑したり、落胆を示したりします。さらには子どもに罰を与えたり恥をかかせたり、ここでの例にあるように背を向けることで相手に罪悪感を感じさせたりするかもしれません。

良くも悪くも、子ども時代に特定のやり取りが繰り返されればされるほど、こうした関連性とそれに関わる神経経路は強くなります。やがて、そうした体験に応じて、特定の、またはすべての感情に対する自動反応として、自信か恐怖のいずれかが脳の回路のなかに焼きつけられます。こうした体験から得られる感情に関する知識は、自分と他人、そして世界に対する体験の仕方に重要な影響を及ぼすのです。

こうして出来上がった脳内の配線は強力で、ずっと持続していきます。

カレンの脳

カレンの子ども時代の記憶から、なぜ彼女が自分の感情を恐れるのかがよく分かりますが、彼女の恐れの基盤はおそらく本人が覚えているよりもさらに早い時期に作られたと思われます。

カレンが赤ちゃんだったころの生活がどんなだったか、想像してみましょう。カレンの母親について分かっていることから考えると、きっと娘が生まれたころに彼女は鬱《うつ》状態にあり、小さな赤ん坊を抱え世話をするストレスは彼女を限界まで追いつめていたといってよいでしょう。加えて、自分自身の精神的制約がここに重なったと思われます。赤ん坊がよくするように、カレンが泣いたり騒いだりしたとき、母親は圧倒されてしまったかもしれません。不快感を示したり突き放したりしたかもしれません。イライラしたり怒ったりしたかもしれません。もしかしたら、はずかしめることすらあったかもしれません。

赤ちゃんからしてみれば、こうした反応はきわめて恐ろしいものです。こうした反応は、叱責、拒否、そして究極的にはもっとも恐ろしい（乳児にとっては死にも等しい）放棄、といった脅威を伴うからです。初期の愛着関係についての研究が示しているように、安全、安心、親しさに対するニーズは生物学的根拠があり、なにものにも勝るのです。これらは生存に不可欠なものなのです(Bowlby, 1988)。

よって、非常に基本的な方法で、ある特定の感情を持つことは危険であるとカレンは学んだのです。**私が悲しむとママは私を置いて行ってしまう。私が動揺するとママは怒る。**そうした困難な状況に対処するためにはどうしたらいいのでしょう? カレンは、こうした否定的な反応に気づき、生き残るためならなんでもしようと、それに応じて自分の態度を合わせたのです。母親との絆を維持し、そこにいてもらうために、不和を最小限にし、叱られないようにするために。

要するに、生き残るためにカレンはある特定の感情を持つことをやめたのです。

では、なぜカレンは、そういった感情を持つことで私に悪く思われるのではと恐れたのでしょう? 私はカレンを批評したり軽蔑の目で見たりはしていませんでした。それどころか、彼女に思いやりを感じていましたし、それは見て取れたはずです。それでもカレンは、自分がなにか間違ったことをしたのではないかと恐れ、私に悪く思われるのではと心配していました。

カレンの過去に照らせば、それは容易に理解できることでした。この恐れは、感情を持ち、表すことは恐ろしい結果を招きかねないという幼少期の体験の直接的な結果です。状況は変わったとはいえ、心の底ではカレンは依然としてかつてのような結末を予期しているのです。ある特定の感情を感じだすと、危険が迫っているというシグナルを脳が送るようにいまだに彼女のシステムはセットされているのです。その結果、そうした感情が正当化されるかどうかに関係なく、カレンはしばしば不安と恐れを感じてしまうのです。

これがまさに自分の感情を恐れている私たちに起こっていることです。**恐怖自体は今まさにここで感じているものですが、こうした反応は、実は古くなった昔のプログラムによって引き起こされているのです。**私たちはまるでまだ恐れる理由があるとでもいうように反応しますが、たいがいそんなことはないのです。

カレンは自分がその瞬間に抱えている恐れを認めることはできましたが、自分の感情恐怖症の原点については認識していませんでした。それは私たちの多くにも言えることです。事態を好転させるには、ここで取り組もうとしていること、つまり今まで自分が育ってきた家庭環境における感情のルールをまずきちんと把握することが有効です。これは、私たちが自分たちの感情との関係に気づくうえで役に立つ、もうひとつのステップです。

家のなかの空模様

自分が育った感情的環境はどのようなものだったのか、ちょっと見てみることにしましょう。これは、カレンと私が初めに行ったことのひとつでもあります。次のような質問について考えてみましょう。

あなたの家族は感情にどう対処していましたか?

・感情をオープンに表した。
・感情に関しては、どちらかというと控えめであまり外に出さないほうだった。
・ある特定の感情は受け入れられたが、他はそうではなかった。
・ハッピーでいるのはよいが、怒ったり悲しんだりすることはよくない、もしくはその逆のようなことがあった。
・家族は怒りを隠さずに表現した。そうでない場合、怒りの感情を限界に達するまで押し込めた挙句に怒りを爆発させたり激高したりするような傾向があった。
・愛情をストレートに表し、伝えた。
・悲しみを隠した。
・人によって感情を持つことに対して問題ない人とそうでない人がいた。

あなたの感情に対して、家族はどう反応しましたか?

・たいがいあなたの気持ちを受け入れ、思いやりを持って、肯定的に応じた。
・あなたが感情を表すと、家族は不快感や不安を示した。
・感情によって優遇されるものとそうでないものがあった。
・あなたの感情に対して、家族は沈黙し無反応であった。
・家族は注意を他へ向けたり、その場から立ち去ったりした。
・あなたが感情を表すと、家族が苛立ったり不満だったり、ときには怒ったりすることもあった。あなたの気持ちを自分たちへの個人攻撃とみなすこともあった。
・かたちはどうであれ、あなたに対して恥をかかせたり、叱ったりした。
・あなたの気持ちに対して、認められない、そんなふうに感じてはいけないと言われたことがある。感情を表したことで、怒られたり罰せられたりした。
・家族の反応は予期可能だっただろうか。それとも不規則なものだっただろうか。
・全体的に、安心して感情を表すことができた。

あなたの家族の感情に対する態度と反応の仕方は、社会的環境全体の雰囲気を決定づけるものです。すべての家庭において、こうした**感情的雰囲気**はおおまかに4つのカテゴリーに分けられます。

1. **明るく温かい**/このタイプの家庭は感情的に心地よい雰囲気がある。みなオープンで反応がよく、たいてい安心して感情を感じ、表すことができる。

2. **冷淡**／このタイプの家庭では、みなあまり感情的に反応せず、回避しがちである。感情を深く探ることはなく、厳しく押さえつけるような雰囲気が漂っている。
3. **激しい**／感情に対して批判したり、恥をかかせたり、はたまた罰したりと強く否定的に応じ、よく辛辣な空気に覆われる。感情を巡る状況は不安定で安全でない。
4. **混合タイプ**／明るく温かいときもあれば、よそよそしく冷たいときもあり、状況が浮き沈みするため、予測が難しいこともよくある。

カレンの母親の気質から見て、カレンの育った環境の感情的雰囲気は、おおよそ「激しいタイプ」のカテゴリーに入ると言っていいでしょう。カレンが笑顔でごまかすことなく感情を表すと、それに対する反応は概して否定的なものでした。

あなた自身の体験について、以下の質問に照らして考えてみましょう。

・あなたの家族の雰囲気はどのタイプに当てはまるだろうか。感情的にオープンで反応がよかったか（明るく温かいタイプ）、制約的でよそよそしかったか（冷淡タイプ）、否定的・批判的だったか（激しいタイプ）、またはこれらすべてが混ざり合った予測のつかないもの（混合タイプ）か。
・家庭内での感情を巡る雰囲気は変化したか、それとも依然同じままだろうか。
・あなたは現在も子どものころと同じように自分の感情に接しているだろうか。
・あなたの現在の家や家族の感情的雰囲気はどんなものだろうか。

私たちの脳が保護者との感情的な関わり合いによって形作られるように、それは幼少期における社会的環境の感情的雰囲気にも影響されます。子ども時代に私たちは、家庭内文化の一般的な規範に合わせて自分の行動を適応させます。それを繰り返すことで、そこから生じた行動パターンと脳内に構築されたそれぞれの神経経路は徐々に強化されます。大人になって自分の生活を築き、自分を取り巻く社会的状況が変わったとしても、脳のなかに定められたロードマップは私たちのなかに生き続け、私たちが一生懸命それを変える努力をしない限り、私たちの体験に影響を与え続けるのです。人格の形成期に自分が置かれていた感情的状況を理解することで、あなたの感情的体験を抑圧している考え方を見つけ、それに挑むことがより容易になるのです。

責任のなすり合い?

自分の生まれ育った家庭の感情的雰囲気を正直に見つめ直そうとしたときに、葛藤を感じることは珍しいことではありません。私はクライアントから「自分の両親を非難したくはない。彼らは最善を尽くした。今こんなことをして自分にとっていいことがあるのでしょうか?」というような言葉をよく耳にします。そんなとき私は、誰のことも非難するつもりはないことを説明します。ここでの目的は、必然的にあなたという人間を形作り、今のあなたの生き方や愛し方に影響を与えている過去の体験を見つめ、理解し、評価することなのだと。すべては知識を得るためなのです。幼いころに理解もできず合意もしていない昔の不健全な「契約」に基づいた選択をするのではなく、より自分の手で本当に望む選択ができるようにするために。

自分の生い立ちの影響について調べだすと、悲しくなったり、怒りを感じたり、失望したり、心が痛んだりすることはよくあります。あなたもそのようになることは、ごく自然なことです。しかし、こうして新たに生じてきた感情もまた、あなたが葛藤を感じてしまう別の原因かもしれません。これらの感情を抱くことや認識しだすことそれ自体が、あなたが自分の感情を疑って否定し、感情的に抑圧されてしまう要因となった家庭内ルールに反しているのかもしれないからです。だから葛藤を感じるというのは、実はよい兆候なのです。あなたは現状に挑み、状況を変え、やり方を変えようとしています。感情に関わる暗黙のルールから抜け出そうとしているのです（これについては、次に詳しく述べます）。

要するに、自分のいかなる感情をもその価値を認めて受け入れることは、自分の養育者を責めるものではありません。そうすることはあなたの真実を認め、尊重することなのです。こうした感情を持つことは、解決と自由へ向けた重要なステップなのです。

暗黙のルール

どんな感情的雰囲気のもとで育ったかにかかわらず、感情に対して受け取ったメッセージは、明らかなものとそうでないものがあったと考えられます。どのようなかたちで伝えられたとしても、そのメッセージは強力で、ひょっとしたら有害なものもあったかもしれません。そのようなメッセージを聞いたり体験したりすればするほど、それは私たちの感情的体験を導く暗黙のルールとなったのです。こうしたメッセージと、その意味するところを考えてみましょう。

メッセージ	意味するもの
泣いていたら「泣き虫」呼ばわりされる。	悲しむことは悪いことで、批判される。
強く主張したり怒ったりしたら無視される。	怒ることは悪いことで、見捨てられる。

自信を感じよい気分になっていたら「いい気になるな」と言われる。　誇りや自分に対する肯定感は有害である。
泣き出したら、両親がそっぽを向いたり立ち去ったりした。　悲しむことは悪いことで、見捨てられる。
「怒っても時間の無駄」と言われる。　怒ることには意味がない。
怖がっていたら、「弱虫」とか「女々しい」とか言われる。　恐れることは悪いことで、批判される。

こうした体験に心当たりはあるでしょうか？　あなたは、感情に関してどのような直接的・間接的なメッセージを受け取ったでしょうか？　自分の感情について受け取ったメッセージについて考え、その意味するところを紙や日記などに書き出してみましょう。

書き出したリストを見ながら、次のように自問してみましょう。**どのメッセージを拒否し、どれを無意識に心に刻み込んだだろう？　どれが暗黙のルールとなって今の自分をコントロールしているだろうか？**　このように考えたとき、はたしてそれはあなたが今後自分の人生を生きていくうえで守り続けたいルールでしょうか？

私の家庭

私の家族、そして、私が子ども時代に受け取ったメッセージについて、少しお話ししましょう。私の両親は、ときに感情豊かで温かくもありましたが、ふたりとも内心では感情に対してかなりの葛藤と不安を抱えていました。敬虔なカトリック信者だった私の母親は、内側でくすぶる不安と心配をなんとか覆い隠し、笑顔とユーモアで世渡りする方法をしっかりと身につけていました。私の父親は、元アメリカ海兵隊の大尉でしたが、その名残りで子育てに関しては少々軍隊式なところがありました。

ある土曜日の朝のことを覚えています。私はたぶん、まだ4歳にもなっていませんでした。母が遅くまで寝ていたので、父が姉と私のために朝ごはんを作ってくれました。私たちはみんなでキッチンテーブルを囲んでいて、父は新聞を読み、姉は淡々と朝ごはんを食べ、私は父がメープルシロップをどっぷりかけてしまったフレンチトーストをがっかりした面持ちで見つめていました。私は不機嫌にびちょびちょになったトーストのかけらをもて遊んでいました。食べたくなかったのです。**どうして僕にシロップをかけさせてくれなかったんだろう？** 私が文句を言えば言うほど、それは父のしゃくに障り、テーブル越しに、父の怒りが高まってゆくのが感じられました。そろりとそちらを見やると父の怒りの表情が目に入り、私は泣きだしました。泣けば泣くほど、父はますます腹を立て、そしてついに怒りを爆発させると「泣くな、男らしくしろ！」と怒鳴ったのです。

男らしくしろ、ですよ？　まだ4歳だというのに！

我が家の感情的雰囲気は混合タイプでしたが、これはまぎれもなく感情が噴き出た激しい瞬間でした。メッセージは明白でした。それは、怖いと感じることはいけないことであり、恥ずべきことである、というものです。このとき私は、同時に、その後繰り返され徐々に強化されていくことになるレッスンも学んでいました。すなわち、自分のニーズは拒否しなければならない、自分の声に耳を傾けたり気持ちを尊重したりしてはならない、自分のやり方を望むことは間違いで、それは必ず非難、危険、破壊をもたらす、といったことです。私が自分の感情を持つことについて、こんなにも葛藤を感じるようになってしまったのも無理はないのです。

脳の配線をアップグレードさせる

ここで朗報があります。それは、幼少期の体験によって私たちは形作られたとしても、過去にとらわれ続ける必要はないということです。たとえ私たちの脳がある特定の反応を示すように配線されていたとしても、脳は依然として変化し、成長することができます（Begley, 2007）。そう、私たちは実際に脳の配線を変えることができるのです。過去に作られたプログラムを消すことは厳密にはできないものの、現存の回路に上書きをして新しい回路を作ることはできます(Goleman, 2006)。言い換えれば、恐怖がこれ以上私たちの感情に絡み合わないように、「配線をアップグレードする」ことができるのです。

では、どうやったらそれを達成できるのでしょうか? ちょうど初期の脳の配線構築において体験が重要な役割を果たしたように、体験は新しい神経経路の構築力をある程度持ち続けます。重要なのは、自分の感情にしっかりと寄り添い、最終的には恐れることなく感情を感じることができるような、新しい感情体験をすることです。

これはどんな恐怖症についても言えることですが、怖いと思うものを避けようとすればするほど、そうした恐怖に向き合って克服するチャンスも減ります。感情恐怖症の場合、自分の感情を避け続けたら、感情に寄り添うことでどんなよいことがあるのかを知ることもないでしょう。感情が、本当は恐れるに足らないものだということに、永遠に気づくことはないのです。なんの解決ももたらさない古い道をただ辿り続けるだけです。変わるためには、別の方向へ進むべく専念して努力しなければなりません。恐怖に向き合い、それを打ち消す方法を見つけ、新しく前向きに感情を体験できるようになる必要があるのです。

新しい方向へと努力を重ね、感情を感じて対処すればするほど、恐怖は消えてゆき、ほどなく不安を感じることなく自分の気持ちに寄り添い、伝えることができるようになります。そして、こうしている間に、実は脳の配線が再構築されているのです! 恐怖と感情の間にあった古いつながりを打ち破り、感情を抱え表現することがポジティブなものとして体験されるような新しい回路を敷いているのです。それは、ロバート・フロストが書いたことと似ています。「森のなかで道が2本に枝分かれした。そこで私は……人があまり通っていない方の道を選び、それが大きな違いをもたらした」(Frost, 2002)

新しくなにかをやってみること、未知の世界へ進んでゆくこと、それについて不安を感じることが大変なのは充分承知しています。私自身、やっと自分の感情に意識を向け始めたときは、車のヘッドライトに照らし出された鹿のように、恐怖で実際に硬直《フリーズ》しました。これからどうなるのかまったく分からず、怖かったのです。しかし、恐怖に向き合う恐ろしさを軽減する方法もあります。コツは、試しに少しずつ自分の感情に寄り添ってみられるまで、不安を徐々に軽くしていく方法を見つけることです。一気に進める必要はありません。一度に少しずつでよいのです。

石には痛みもなければ、島には涙もない

私とカレンは、彼女の行動パターンを作り出している感情の暗黙のルールと回避の仕方について共によく理解すると、彼女の感情恐怖症に対処してそれを克服する作業に取り掛かりました。カレンの不安が軽減するにつれ、自分の感情（心の奥底に長いこと埋もれていた未解決の悲しみと怒り）を受け入れ、癒やす作業に取り組む力が徐々に彼女に湧いてきました。そしてカレンの苦痛は、新たな自己意識へと急激に変化を始めました。苦しんでいた自分のなかの小さな少女に対する思いやりが芽生え、大人としての発言が出るようになっていったのです。

†

とりわけ効果的だったセッションのあと、カレンは思い切ってカウンセリングを通して分かったことについて夫に話し、彼に自分の気持ちをいくつか伝えてみることにした。話し始めて間もなく、それまで冷静を保とうとしていたカレンは、悲しみと痛みが心のなかで湧き上がってくるのを感じた。今回はしかし、今までのように感情と格闘し距離を置くのではなく、その感情のおもむくままにさせた。なにかが心の奥深くで呼び覚まされていることは確かだったが、自分に起こっていることすべてを充分に明瞭には伝えることができず、彼女は夫の前でオープンに泣いてしまった。

するとすばらしいことが起こった。夫が近くに歩み寄り、彼女を抱きしめて慰めたのだ。彼女をそばで支え、理解し、身近に感じていたい、と彼は言った。「まるで島のような君よりも、**こんな**君といつもいたい」と彼は彼女に言ったのだった。

【この章のキーポイント】

・私たちは、保護者との幼少期の体験を通して、どの感情が受け入れられ、また受け入れられないのかを学び、それに応じて自分の感情の範疇を調節する。
・私たちの脳は、保護者とのやり取りや関わり合いによって形作られる。
・自分の感情を他人と共有したときの肯定的な体験があればあるほど、そうした感情に対処しやすくなる。
・感情に関して幼少期に体験して学んだことは脳の回路に焼きつき、自分や他人、世界に対する感じ方、体験の仕方に大きな影響を与える。
・私たちの脳は、幼少期における社会的環境の感情的雰囲気によっても影響を受ける。子どもは家庭内文化の一般的な規範に合わせて、自分の行動を適応させる。
・これまで自分の感情的体験を導いてきた暗黙のルールを明らかにすることで、そうしたルールを問い直し、そこから解放されやすくなる。
・私たちの脳は順応性を維持し、成長し変化することが可能であり続けるため、新しい体験を通じて実際に脳の配線を変えることができる。
・肯定的で健全なかたちで自分の感情と寄り添うことで、脳の配線を改変し、ついにはそんなに恐れることなく感情を感じることができるようになる。

第2部　実　践

第3章　ステップ1——自分の感情に気づくこと

小さな感情こそが人生を導く偉大な指導者であることを忘れずに。
我々は気づかずにそれに従っているのだ。
——ビンセント・ヴァン・ゴッホ

マークはピアノの鍵盤を見おろし、しばらくそれをじっと見つめていた。胸の鼓動が高鳴り、額に汗がにじむのが感じられた。彼はピアノのベンチにしっかりと腰をおろすと深呼吸をした。

ついにこのときが来た。地元の大学の音楽療法プログラムのオーディションで、マークが唯一受験した学校だった。将来へ向けて前途有望な瞬間であるはずだった。にもかかわらず、彼は後悔しているようだ。それは恥ずかしさなのか？　おそらく後者だろう。これから人前で恥をかくことになる予感がしていたから。それとも本当のところ、自分がどう感じていたのかは、はっきりしなかった。**なぜもっと練習しなかったんだろう？**彼は苛立って自問した。

もっともな問いだ。オーディション当日まで何週間もの間、彼はしょっちゅうなにか他にすることを探しているように見えた。次から次へと違うことをやったり、ビデオゲームをしながら電話で1、2時間も話してダラダラ過ごしたり。たまにピアノの前に座って少し練習することもあったが、ちょっと難しくなると突然放り出し、クラシックの曲を覚えなきゃいけないなんてばかばかしい、などと開き直っていた。

オーディションについて考えていなかったわけではない。頭の隅では時間が迫っていることは分かっていたが、そのことを考えると不安で神経質になった。それともあれは興奮だったのだろうか？　分からなかった。ついでに言えば、他の誰にも分からなかった。実際何人かの目には、彼があまり気にも留めていないように見えたし、誰かが進捗状況を聞くと、いつも彼はふざけてごまかしたり、すべて順調だと答えたりした。

もしマークが落ち着いて、ちょっとでも自分の気持ちと向かい合っていたら、自分が本当に望んでいることをはっきり理解することができたかもしれない。彼は子どものころからずっと音楽を作るのが大好きで、家族でピアノの周りに集まって一緒に歌ったりするのが好きだった。小さいころにピアノを習い始め、間もなく家族一同で歌うときにはリードしたり、学校のコンサートや教会の礼拝などで弾いたりするようになった。音楽的な才能と人に対する思いやりを持ち合わせた彼にとって、音楽療法はぴったりに思えた。でも、そうだろうか？　彼には確信がなかった。というか、確信を持つときもあれば持てないときもあった。

そんなふうだから、オーディションの時間にもギリギリになってしまったのかもしれない。**僕はいったいなにをしているんだ**、とマークは考えた。彼は背筋を伸ばし、ベンチに座り直すと、再び深呼吸をした。彼は待たされてしびれを切らしつつあるような審査官に目をやった。**僕の手が震えているのが見えているだろうか？**　そんなことを思いながら、彼は手を鍵盤に置くと弾き始めた……。

知ったことか、部屋を出て廊下を足早に歩きながらマークはつぶやいた。**どうせどうしてもここに行きたかったわけじゃないんだ。**彼はコートをつかむと駐車場へ一目散に走った。マークは、自分の目に涙が浮かんでいるのに気づいてもいないようだった。

知らぬが仏、でなくなるとき

マークにはなにが起こっていたのでしょうか？　自分が本当に望んでいることが分からないなんて、いったいどうしたことでしょうか？　なぜオーディションのためにちゃんと準備しなかったのでしょうか？　どうしてそんなに葛藤を抱えているのでしょうか？

マークの問題は、無感情であるということではありませんでした。それどころか、ほんのちょっとでも自分の内面をのぞき見ようとしていれば、きっとそこでいろんなことが起こっていたことが彼にも分かったはずです。さらに自分の感情に向き合い、それを生かすことができたなら、こんなに心が乱れることもなかったでしょう。やる気を起こせたはずの大量のエネルギーと、自分を導いてくれたであろう、あり余るほどの有用な情報が、そこにはあったからです。

たとえば、このプログラムに参加しようとしていることに本当はワクワクしていること、でも自分のやりたいことを前にして気分が高まると、いつも不安になり気を紛らわしてしまうことなどに気づいたかもしれません。そうした高揚感を取り出し、恐怖に耐える方法を学ぶことができていたら、前進することをそれほど恐れずに夢を追う自由を感じ、湧いてくる高揚感からパワーを得てうまくやり遂げ、自分になにが達成できるのかを確かめることができたでしょう。

しかし問題はそれ以前です。この時点での主な問題は、自分が感情を持っていることをマークが認識すらしていないということです。彼は感情のサインを認めず、意識も向けていません。立ち止まって自分の気持ちに気づき、それらを辿って感情レベルで自分になにが起こっているのかを知るための時間を取ることもありませんでした。

一見すると、自分の感情に対して無自覚なマークは極端な例に見えるかもしれません。しかし実際のところ彼のような振る舞いはかなり一般的です。ともすると私たちは、自分たちが実際は感情を持っていることを示すサインに気づかないまま、ついつい日々を過ごしてしまいがちです。自分の内面で起こっていることをほとんど意識することもなく、一日を歩み、走り、駆け抜けます。思考にとらわれ、自問し、心配や矛盾のもやもやのなかで途方に暮れ、内面の反応に気づきません。過去や未来にとらわれすぎて、今この瞬間になにが起こっているのかに気づきもしません。そして自分はなにかを感じているようだと気づいた場合でも、わずかでも苦痛や不安を感じるやいなや、再び回避策をとるのです。

今こそやり方を変えるときです。もし本当によりよい自分になりたいのなら、目を覚まし、自分の内面で起こっていることに気づかなければなりません。ブレーキをかけて速度を落とし、自分の内的な体験に耳をすましてみましょう。つまり、私が**感情的マインドフルネス**と呼んでいるものを培う必要があるのです。

感情的マインドフルネス

マインドフルネスの概念は決して新しいものではありません。何十年も昔からあり、そのルーツは東洋と西洋双方の精神的伝統に基づく瞑想の実践にさかのぼります。最近では行動医学の分野ばかりでなく、一般大衆の間にも広まっています。

このマインドフルネス人気は、おそらく生活の質に対する不満の高まりと大いに関係があるでしょう。マルチタスク、ハイテクの娯楽の数々、日常生活における要求の増大といった現代の私たちの文化のなかで、日々無自覚に生きることから必然的に生じる負の影響が、次第に私たちに迫ってきています。多くの人々が、再び人生に活力を取り戻す方法を強く探し求めています。加えて、マインドフルネスには身体面、精神面、社会面における健康・幸福感（ウェルビーイング）を向上させる力があるということを示す豊富な科学的証拠が存在することも、その人気に拍車をかけているると言えるでしょう（Williams, Teasdale, Zindel & Kabat-Zinn, 2007）。

ではいったい、マインドフルネスとはなんなのでしょうか？　マインドフルネスを現代医学の主流に持ち込んだ第一人者で、マサチューセッツ大学メディカルセンターのマインドフルネスに基づくストレス軽減プログラムの設立者でもあるジョン・カバットジンは、次のように定義しています。それは「判断を下すことなく、意識的に、特有のやり方で、今この瞬間、意識を向けること」（Kabat-Zinn, 1994）。判断をしないというマインドフルネスの客観性は、私たちがつい自分たちに対してしてしまいがちな知的な分析や自己批判、そして感情体験から自分を遠ざけてしまうような頭のなかでの解説やおしゃべりから解放しようとします。また意識的に意識を向けるという考えは、習慣的な反応にとらわれることなく明晰な頭で集中力を保つには努力を要する、という認識に基づいています。マインドフルネスによって、私たちは過去への執着や将来への夢から解放され、今というこの瞬間を完全に受け入れようとするのです。それは自分の体験が展開してゆくままに興味を持ち、考えるのではなくただ気づいて観察することを伴います。本質的に、マインドフルネスは私たちの今この瞬間の体験に偏見なく意識を集中させるものです。マインドフルネスの実践は、充分に覚醒し意識した状態で今この瞬間に全面的に関わる能力を向上させることを目指しているのです。

感情的マインドフルネスとは、その名が指し示す通り、マインドフルネスの基本原理を私たちの感情的体験に適用するものです。簡単に言えば、それは体で感じられるありのままの感情的体験に意図的に意識を向けるものです。たとえば、感情が湧き上がってきたとき、それがどのようなものか気づくこと。いつどのあたりが締めつけられるように感じ、どこでエネルギーが止まり、どこで流れているのかに気づくこと。どんなときに頭に血が上り、胸が痛んだり膨らんだりし、呼吸が変わり、腕がうずき、足が震えるのかに気づくこと。自分の体験に対し自分がどう反応するのか気づくこと――そこにあるものに気づき、起こっていることを理解すること。感情的マインドフルネスの目的は、より意識的に自分たちの感情について認識することであり、最終的には自分の感情ともっと一体化することなのです。

それはどうやるのでしょう？　まず落ち着いて自分の内面に意識を向け、ただ気づくことです。その具体的なプロセスや主軸となる感情とそれらの身体上での一般的な現れ方については、この章で後述します。とりあえず最初のステップは、思考ではなく、身体上での体験が私たちの感情に対する認識においては重要であるということをただ認めることです。感情的マインドフルネスは簡単そうですが（そしてある意味でその通りですが）、練習が必要です。ただし、それが負担になったり宿題のように感じたりする必要はありません。そのために毎日多くの時間を割く必要はありません。それはいつでもどこでもできます。ただちょっと立ち止まり、自分自身をチェックしてみればいいのです。

感情的マインドフルネスの最初の関門のひとつは、私が「心の居場所を作る」と呼んでいるもので、なにが起こっているのかがきちんと見えるように、心のなかで散らかったものを片付ける作業です。同時に2つ3つ、5つのことが進行中だったり、あまりに多くのことが起こっている場合は、自分の内面で起こっていることに気づくのは不可能です。ちょっと落ち着いて心の居場所を作り、それぞれひとつずつ個別に、体の感覚に気づく必要があります。

なぜこんなにも体に重点を置くのかと不思議に思うかもしれません。感情は脳から発生していますが、私たちは、まずそれを体で感じます。だからそれを「感情」（Feeling）と呼ぶのです。エネルギー、感覚、身体上の反応を通してそれらは出現し、それを私たちは**感じる**。ときには私たちの感情はとても早く湧き上がってきて、その度合いの強さからその存在は否定しようがないことがあります。しかしその現れ方がはっきりしないときもあります。感情恐怖症の場合は、よく感情が不安の陰に隠れているので、気づきにくいこともあります。しかし、そのときに私たちが感じる違和感は、自分の感情と近づいているということを示す手がかりとして、実際は有用な手段なのです。体の感覚に意識的に意識を向けることで、私たちは感情に対する自覚を高め、新たな情報に目を向け、中核《コア》となる感情をより豊かに感じることができるのです。

ときどきやってしまうこと

マークとのアポの時刻から5分が過ぎたころ、私は彼がどこにいるのか気になりだしました。すると、彼が廊下を歩いてくるのが聞こえました。まあ、実際に聞こえたのは、待合室に近づいてくるに従って徐々に大きくなる彼の携帯電話の話し声でしたけど。

「分かった分かった、それでいいよ。さて、僕はもう行かないと。アポがあるんだ」そう言うやいなや、マークは勢いよくドアを開けて、私のオフィスに飛び込んできました。「遅れてすみません。来る途中渋滞に巻き込まれたうえに、駐車場に車を止めたときに電話がかかってきて。たぶん電話を取るべきじゃなかったんだけど、兄からだったもので。このあと会うことになってるんです」。彼はコートとリュックをソファに放って私の向かいに腰をおろすと、大きなため息をつきました。

マークが最初に私のところへ来たのは、その数週間前、ちょうど音楽療法プログラムのオーディションから1年が経ったころでした。彼は自分の人生は「ゴチャゴチャ」な状態で、自分がなにをしたいのかを理解し、おおまかな方向性を見つける助けがほしい、と話しました。マークが日々の感情からかなり切り離された状態にあると分かるまでにそう時間はかかりませんでした。感情恐怖症であると判断して、私はマークがもっと自分の気持ちを自覚できるように手助けしようとしていました。

ひと通り落ち着くと、彼は自分の兄について話し始めました。彼いわく、兄は「熱血で負けず嫌いで保守的」であり、マークとは性格がかなり異なるようでした。

「彼と会うことについてどう感じているの？」と私は尋ねました。

彼は腕組みをし、神経質に貧乏ゆすりを始めました。「うーん、別に構わないと思うけど」彼は肩をすくめて答えました。「ただコーヒーを飲むだけだしね」。しかし、その答えとは裏腹に、彼の身振りは違うことを物語っていました。彼は体をこわばらせて目をそらせました。

「じゃあそれについてはなんとも思わないんだね」私は半信半疑で尋ねました。

彼はこちらを見返し、「はい、だいたいのところは」と言いました。

「あまり平気には見えないけどな。その足はなんだい?」私は、マークがもっと自分の体で感じていることに意識を向けられるようにと思って聞きました。

マークは自分の足を見やって貧乏ゆすりに気づくと、足をほどき、床に両方の足を置きました。「ああ、ただときどきやっちゃうんです」彼は気まずそうに言うと、また窓の外を見やりました。「今ちょっといろいろあって大変で。たぶんストレスを感じていると思う。またジムに通おうとずっと思っているんです。ストレス軽減にも役立つから。でもいったい全体いつそんな時間を作れるのか分からない。たぶん出勤前に行くようにすればいいと思うんだけど、でもそうすると……」

私はマークが自分の思考にとらわれて、大切な情報を見失いつつあるのを見て、自分の体に意識を戻させるべく、彼を遮って言いました。「まあ、おそらくストレスがたまっていることとも関係しているとは思うけれど、あなたは今、私がお兄さんと会うことについてどう思うか聞いたら、貧乏ゆすりを始めたよね。そのことには気づいたかな? たった今、それがなにかを物語っているんじゃないかな。ちょっと一息おいて、そこになにがあるか意識を向けてみようか。自分のなかでなにが起こっているか知るために少し自分に余地《スペース》をあげてみよう」

彼はしばらくじっと座って自分の内面に集中しているようでした。私は、彼はどんな感情に触れるだろうと思いました。少し間を置いてから彼はため息をつき、「兄と会うことをそんなに楽しみにしているわけじゃないかもしれない」と言いました。こちらに向き直った彼の顔には、苦痛の色が浮かんでいました。

左と右、どちらへ行くべきか？

自分の体に意識を向け、体で感じられる感覚にもっと気づきやすくすることで、マークは自分に対する認識を高めつつありました。明らかに彼は兄に対し、一筋縄ではいかない気まずい感情を抱いていました。なにがそこにあるのかはまだ分かりませんでしたが、でも少なくとも私たちは正しい方向へと向かっていました。自分の感情を避けるのではなく、受け入れる方向へ。

私たちの多くがそうであるように、マークの抱える問題のひとつは、物事を考えすぎることでした。不安や心配にすぐとらわれ、あらゆる方向から板挟みになり、頭のなかで何度も繰り返しぐるぐる考え続ける。これは大変よくある癖です。また、感情と向き合う代わりに思考に集中しすぎるため、頭のなかのとめどない独り言を鎮めて自分が体感していることに意識を移すことがとても困難だったりします。実のところ、思考に埋没すればするほど、私たちは自分の感情とつながることができなくなってしまうのです。

再び脳に少し話を戻しましょう。ただ、最初に一言、ちょっと断っておくべきことがあります。

脳について議論される際に、脳のどちら側にどういう役割があるかということについて一般化して話される傾向があります。実際には脳の左右の働きはそうはっきりしているものではなく、重複していることが多いのです。多くの異なる役割について双方の脳が重要な働きをし、協働しているのです。

さて、そうただし書きをしたうえで言いますが、脳の各側面がそれぞれ異なった強みを持っているということもまた確かです。たとえば、言語をつかさどる左脳は、論理的・言語的・直線的なプロセスにおいて中心的な役割を担います。身体の状態や反応などに対しては感受性が比較的低く、よって私たちの体験について理解するために理性と分析を用いることができます。右脳は感覚、音、映像など感情・情緒の非言語的な伝達形態に順応しており、そうしたことから、体で感じることを器用に読み取ることができます。

こうした神経系デザインの結果、私たちが自分たちの感情についてもっと自覚しようとすると、右脳は友達ですが、左脳はちょっとしたトラブルメーカーとなります。左脳から生じた自分の思考に集中するとき、私たちは物事について頭で考えることにとらわれ、感情的体験の一部である身体上の感覚・視覚的な映像・身体的反応（筋肉・胃腸・心臓・肺の変化など）から離れてしまいます。考えることで感情とつながることが難しくなってしまうのです。考えることが悪いことだと言っているわけではありません。しかし自分たちの感情的な体験に気を配ろうとするとき、それが障壁になることがあるということです。もし自分たちの感情に対する自覚を高めたいのなら、左脳を鎮め、右脳に余地《スペース》を与える必要があるのです。

もちろん、脳のそれぞれの側のスイッチをただパチパチと切り替えるなんてことはできません。しかし、どちら側に意識を向けるかを選ぶことは当然可能です。思考から焦点を移し、身体に起こっていることに意識を向け、観察し、耳を傾けるのです。端的に言って、ここでの主な目的は、考えずにただ気づくことです。この方法は、マインドフルネスの中心となるものです。

ボトムアップ対トップダウン

感情的マインドフルネスを培うのに、もうひとつおすすめなのが「ボトムアップ」で行うということです（Safran & Greenberg, 1991）。想像してみましょう。思考は頭（トップ）のなかで生じ、感情は身体レベル（ボトム）で起こります。大多数の人にとっての通常モードは、トップダウン、つまり物事についてまず考え、それからどう感じるかを理解するというやり方です。すると、どうなるか分かりますね。頭のなかから抜け出せず、心と離れてしまうのです。もっと感情に留意するやり方では、ボトムアップ、つまり体で感じていること、体感される感覚のレベルから思考のレベルへと行います。一言で言えば、まず感じ、それから考えるのです。

次のことを試してみてください。体感される体験をクローズアップし、体のなかで感じられること、それはどう反応し、なにを欲しているかに気づいてみましょう。自分の体を精査し、感じることを見つめてみましょう。首・胸・腕・足その他の部位で感じられることに気づき、耳を傾け、なにを伝えようとしているのかよく聞いてみましょう。それらの感じられた体験に意識を向け、それがどう変化していくか観察してみましょう。どんな感じがしたか、それはどこからきて、なにをもたらしたか。自分の体験について考察しながら、それにはどんな意味があるのか、自然に浮かび上がらせてみましょう。

数えきれない選択肢

自宅のリビングルームの壁の色が、私は最初から気に入りませんでした。私は黄金色で暖かい感じの色がよかったのですが、さんざん悩んだすえ、最終的にはカナリア色のような黄色を選んでしまいました。そのうち慣れるだろうと思いましたが、慣れることはありませんでした。やっぱり私好みではなかったのです。明るい色が嫌いというわけではないのですが、我が家の壁に関しては、どちらかというと自然な色合いが好みでした。だから、このディズニーランドみたいな部屋で暮らすのに耐えきれなくなって塗り直しを決めるのは時間の問題でした。私はぴったりの色を見つけようと、地元のペンキ屋に足を運びました。

今度こそ、ちゃんとした色を選ぶぞ！　そう思いながら、駐車場に車を入れました。しかしそんな確信も長くは続きませんでした。店の入り口を通って足を踏み入れると、目の前に立ちはだかっていたのは色見本で埋まったふたつの巨大な壁でした。何百もの色見本。各色はさらに5、6、7種類もの違う色合いの同系色に分かれています。クリエイティブなタイプの人間だったら、この大量の選択肢の数々を前に興奮したに違いありません。でも私はそうではありませんでした。私はちょっとパニックになりました。**いったい全体どれを選べばいいんだ？** そう思いながら、私は困って椅子にへたへたと座り込みました。

そのとき、運がいいことに、たまたま隣にあったテーブルの上に積んであったパンフレットが目にとまりました。一番上のパンフレットを手に取ると、そこには「インテリアのアイデア」の文字。開くと、そこには、とてもすてきな色のペンキを20種類かそこら集めた、ちょっとしたコレクションが載っていました。**そうこなくっちゃ、**落ち着きを取り戻しながら私は思いました。

ときに多すぎる選択肢、というものもあるのです。

基本に立ち返る

私が最初に、自分の感じていることを話してほしいとクライアントに頼むと、困惑されることがあります。彼らに感情がないわけではなく、たとえ彼らが度々そんなふうに「感じて」いたとしても、ただその感情をどう表現したらよいのか分からないだけです。

ひとつの問題は、彼らが選択肢の多さに圧倒されてしまうことです。彼らは何百万ものオプションがあると考えており、私がペンキ屋で感じたように、どこから始めてよいか分からないのです。しかし、これは罠です。本当はそんなにたくさんの選択肢があるわけではありません。まるで壁を埋め尽くす色見本のように、たくさんの様々に異なる感情があるように思えるかもしれませんが、本当のところはひと握りの感情の変化形や混合体にすぎないのです。

研究者によっては違う意見を持つ人もいますが、一般的に言って、私たちの感情は実際には次に挙げる8つの主要な感情とそれに付随するバリエーションとの組み合わせからできています。

- **怒り**　イライラ、迷惑、もどかしさ、憤慨、嫌悪、恨み、憤怒
- **悲しみ**　失望、落胆、孤独、傷心、絶望、悲哀、悲嘆、意気消沈
- **幸せ**　満足感、達成感、愉快さ、楽しみ、熱意、興奮、誇り、歓喜、うれしさ、高揚感、陶酔感
- **愛**　親愛、優しさ、愛情、愛おしさ、思いやり、欲望、情熱
- **恐れ**　懸念、緊張、心配、疑念、不安、苦痛、恐怖、悪い予感、動揺《パニック》、ギョッとした気持ち
- **罪悪感／恥**　きまり悪さ、後悔、自責の念、屈辱、痛恨
- **驚き**　驚嘆、仰天、畏敬、驚異、衝撃
- **嫌悪**　軽蔑、侮辱、反感、嫌気、憎悪

これら8つの基本感情は、一連の感情の範囲を簡潔にまとめたものです。このリストをざっと見て、各グループ内の感情が連続したつながりに沿っていることに気づいたかもしれません。たとえば、怒りという感情は迷惑やイライラとして生じるかもしれませんが、さらに脅かされたり妨害されたりすれば、激怒へと発展するかもしれません。どちらの場合も、中核《コア》では怒りを感じていますが、激怒はイライラよりもずっと激しいタイプの怒りです。悲しみの場合も同様です。くじ引きに外れる程度の軽い損失にがっかりするかもしれませんが（賞金の額にもよるけれど！）、愛する人の死のようなもっと大きな喪失を体験したら、私たちは悲嘆にくれるでしょう。この場合もまた、どちらも同じ感情を感じているのですが、それぞれ度合いが違うと言えます。

これらの基本感情を用いると、自分の感じていることを解明する作業を簡単にすることができます。もっと広

い範囲のオプションのなかから当てはまるものを選ぶほうが望ましいと思うかもしれませんが、感情があやふやな場合など、選択肢がありすぎるとかえって識別するのが必要以上にややこしくなります。強い感情の場合には、なにを感じているのか断定するのはそう難しいことではありません。しかし、感情が恐れと絡み合っている場合などによく見られるように、感情が弱かったり、曖昧だったり、隠されていたりする場合には、見分けるのが難しくなります。何百ものなかから選ぶより、可能性が限定されているほうがずっと特定しやすいのです。それに、基本感情は必要となる土台を実質的にほとんど網羅しているので、今のところはこれさえあれば充分なのです。

それどころか、ここでの議論では最初の6つの感情にフォーカスすることになるでしょう。一般的に、ほとんどの人は、驚きや嫌悪を感じることにたいして問題はありません。これらは、通常大きな不安を引き起こすタイプの感情ではないのです。感情恐怖症を克服するためにあなたが学ぼうとしている方法は、すべての感情には適用できないというわけではありません。もちろん適用できます。このプロセスは広く適用できますし、恐れはどんな感情にも影響する可能性がありますが、一般的には次の6つの感情がもっとも問題になりやすいと考えられるのです。

怒り　　悲しみ　　幸福
愛　　恐れ　　罪悪感・恥

限られたように見えるかもしれませんが、これらの基本感情でどれほどの領域を網羅できるか、あなたにも必ず分かります。

罪悪感と恥は同じものか？

罪悪感と恥は同じカテゴリーに属するとはいえ、これらは根本的に異なるものです。一般的に恥は、自分がしたことに対してというよりも自分自身に関してどう感じるかということに関係しています。罪悪感は自分の行いに対するものです。私たちは自分自身に対して恥ずかしいと感じ、おそらくやってはいけなかったであろうことに対して罪悪感を感じます。それは「私は悪い人間だ（恥）」というのと「私はいけないことをした（罪悪感）」というのとの違いです。私が**罪悪感・恥**と括りつつ、それぞれ個別に記した理由です。ここの区別は見過ごさずにはっきりさせておきます。

あなたは、なぜ恐れがこのリストに含まれているのかと不思議に思うかもしれません。恐れは、まさに私たちが克服しようとしているものではなかったのか？　その通りです。それが不当なものである場合は。でも、怖いと感じることが適応反応である場合もあります。たとえば、本当に危険に脅かされているときは、怖いと感じるべきです。それによって安全を確保するために必要な手立てを打つよう仕向けられるからです。しかし感情恐怖症の場合は、恐れを抱くことに対して恐れを抱いたりします。怖がるのは、か弱い、弱虫、愚か、男らしくない、などとみなしてそれに抵抗し、押さえつけて追い払おうとします。こうした反応は、恐れへの対処や恐れを有利に利用する方法を学ぶことの障害になります。

基本感情ってなんだっけ？

基本感情にはどんなものがあったか、なかなか覚えられないという人のために、簡単に覚える方法を教えましょう。**喜・怒・哀・愛・恐怖・恥・罪**（きどあいあいきょうふちざい）などと呼んでみると覚えやすいでしょう。実際、自分が対処しているものが明確でありさえすれば、これらの感情を好きなように名づけて呼んでもかまわないのです。名前は単に、いくつかの感情のカテゴリーを簡潔に表したものにすぎないということを覚えておきましょう。

別のやり方を試してみよう

マークは、子どものころ、いかに兄を仰ぎ見て、常に彼の意識をひこうとしていたか、私に少し話してくれました。マークの兄は5歳年上でしたが、スポーツをしたり、友達と遊んだり、デートしたりと自分の生活に忙しく、マークに関心を向けることはほとんどなかったようでした。大人になってからは、マークと連絡を取ってときどき会おうと努力しているようでした。でもマークからすると、兄とのやり取りは不自然でぎこちないものに感じられました。

そう語るマークの目には悲しみの色が浮かんでいました。「とても悲しそうだね」と私は思いやりを込めて彼に言いました。

「まあね、たぶん。よく分からないけど」彼は気まずそうに言うと、椅子に座り直し、受け流そうとしました。

「マーク、君は涙を浮かべているよ。それはなにかを物語っているように思えるが。君のなかで、なにが起こっているんだろう？」彼が内面に湧き上がってきているものに耳を傾けてくれたらと期待して、私は尋ねました。

するとと、彼のフォーカスは再び思考へと戻ってしまいました。「兄は自分を全然分かってくれないという気がするんです。私がなにをやっても、兄にとってはたいしたことではない。会うといつも最終的には不愉快になり、それを心から追い払うのに1〜2日かかります。どうしてこんなことで僕は悩んでしまうんだろう？　兄はそういう人間だし、これからも変わらない。僕たち兄弟は違うんだとただ認めて、気持ちを切り替えることがなぜ僕にはできないんだろう？」

この質問の仕方では、らちが明かないということが私には見て取れました。彼は左脳（思考）に意識を集中しすぎていて、右脳（感情）で起こっていることがほとんど聞こえていませんでした。そこで、彼にこう言いました。「私が予想するに、気にすべきなのにちゃんと認めていない感情を抱えていると、気持ちを切り替えることが難しいのではないかな」。マークは、この言葉を聞くと戸惑いました。「君さえよければ、別の方法を試してみようか」

彼はうなずき、私はそれをゴーサインとみなすことにしました。

「自問する代わりに、考えるのはちょっと脇において、体のなかで起こっていること、身体に感じることに気づけたら、ただそれを観察してみよう」

彼は少しの間、身じろぎもせず座っていました。目を伏せ、頭を少したれて。少しの間、沈黙がありました。それから彼は顔を上げ、私を見て言いました。「喉の奥がどこかヒリヒリするような、ちょっと変な感じがします」

「なるほど」。私は、**彼がなにかをつかんだ**と思いました。「他になにか気づいたことは？」

マークは一瞬黙って自分をチェックすると言いました。「よく分からないけど、胸のあたりに痛みのようなものを感じる」

「そうか、その感覚にただ集中するとどうなるかな？」　私は尋ねました。

「嫌な感じです。不安になる。気持ちを切り替えて進みたいけど、正直なところ、思っていたよりもっと自分は悲しいのだと思う」

自分の気持ちに波長を合わせる

マークは自分の身体に耳をすませ、感情をより自覚するようになっていきました。彼は感情的マインドフルネスを徐々に習得つつありました。頭から抜け出し心にゆとりを与えるにつれ、彼はだんだん身体上に現れる悲しみのサイン（喉のヒリヒリする感じ、胸のうずくような感じ）や、自分の感情に近づいたときに感じる不安感などに気づくようになっていきました。

私たちはみな感情の感じ方が少しずつ違います。同時に、たとえ私の悲しみの感じ方があなたのものと違ったとしても、ある特定の感情に伴って生じやすい感覚や身体上の反応というものがあります。たとえば、マークが感じた喉の奥のヒリヒリする痛みは、悲しみを感じるときによく見られるものです。英語の「喉の奥が詰まる」といった表現はそこからきているといってよいでしょう。あなたの感情的体験が特有のものであっても、他の多くの人々と似通っていたとしても、それが正しいとか間違っているとかいうことはありません。ただそうである、というだけのことです。

感情に伴って生じる一般的な感覚について見ていく前に、あなたが自分自身の感情とその身体的兆候について、現時点でどの程度自覚しているか、いったんここで見てみることにしましょう。

自覚テスト

まず、自分の内面で起こっていることに気づくことができるよう、気が散らない静かな場所を見つけましょう。身体のなかのエネルギーと完全に触れ合えるように、快適でリラックスできる姿勢をとります。一般的には、背筋が伸びて支えられた状態でまっすぐ座り、足を床につけた姿勢がもっとも望ましいでしょう。

ここのリストにあるそれぞれ異なる感情について、かつてその感情が喚起されたときのことを思い出してみましょう。出来事を思い出したり感情を喚起するような記憶を思いつきにくい場合は、そうした反応を引き起こしそうな筋書きを作って想像してみましょう。自分ないしは他人、どちらでもやりやすいほうでよいですが、なにかが起こっている様子を想像してみます。分かりやすいように少し例を挙げますが、これがすべてだとは思わないでください。

なるべく細かく自分の選んだ瞬間を視覚的に思い浮かべてみます。シーンが展開し、感情が膨らみます。この体験と一体化するなかで、身体になにが起こっているかによく意識してみましょう。頭、顔、首、肩、背中、胸、腕、胃、足、身体のすべてに。そして観察された身体上の感覚について書き留めてみましょう。

たとえ感情とつながることがなかなか難しくても心配することはありません。だからこそこの本を読んでいるのですから！　ただそこにあるもの、湧き上がってくるものを観察すればいいのです。自分の判断や意見をはさまず心を開いておきましょう。もしなにも気づかなかったら、それでも問題ありません。この練習は、今自分がどんな段階にいるのかを理解するためのものなのですから。

1．**怒り**　今までの人生のなかで、ひどい扱いを受けたと感じたり、自分の権利が侵害されたり、あなたやあなたの愛する人が不当に扱われたりしたときのことを思い出してみましょう。なんらかの侵害を目撃したり、なにかを達成しようとするのを妨害されたりしているところを想像してみてください。なにがあなたの身体に起こっているでしょうか？　どんな身体的な感覚に気づくでしょうか？

2. **悲しみ**　なにかを失った体験を思い出してみましょう。愛する人の死かもしれないし、誰かとの破局かもしれないし、親しい人になんらかのかたちで失望させられた体験かもしれません。またはあなたの愛する人が苦しんでいたり、かわいがっているペットを安楽死させなければならなかったり、引っ越しに際して親しい友達に別れを告げなければならなかったり。身体はどう反応しているでしょうか？　体について気づくことはなんでしょうか？

3. **幸福**　今までの人生のなかですごくうれしかったこと、たとえばコンテストで勝ったとか、プロジェクトで大成功を収めたとか、すばらしい休暇を過ごしたとか、そんなときのことを思い出してみよう。友達と楽しい時間を過ごしているところとか、助けを必要としている人に手を指し伸べてなにかしているとか、ないしはただ子どもの笑い声を聞くとかでもいいでしょう。あなたの身体はどう反応したでしょうか？　なにに気づくでしょうか？

4. **愛**　愛する人との優しいひととき、あなたのために誰かが本当に力になってくれた体験、または人生で誰かに対して特別に愛しいと感じたときを思い出してみましょう。愛する誰かと一緒にいたり、彼・彼女を愛情込めて見つめたり、温かい抱擁を交わしたりしているところを想像してみましょう。どんな身体上の感覚を感じるでしょうか？

5. **恐れ**　あなたの人生で、なんらかの危険な目に遭い、それに対してなにもできなかった瞬間を思い出してみましょう。ないしは、ひとりで暗く人けのない道を歩いているときにあとをつけられたり、とても高いビルのてっぺんの端から下を見おろしたり、その他あなたにとって怖いと感じるような状況を想像してみましょう。その瞬間、身体のなかでどんなことが起こっているでしょうか？

6. **罪悪感・恥**　約束を破ってしまったり、誰かが苦痛を感じ悲しむようなことを言ったり、やったりしてしまったときのことを考えてみよう。愛する人を傷つけ裏切ることになると分かっていながらなにかをやってしまったり、厳しい道徳律に反すると思われる行為をしたときのことを想像してみましょう。今までで一番恥ずかしいと思った体験や誰かに恥をかかされたり、ばかにされている自分をイメージしてみましょう。こうした場面を思い起こしたり想像したりしたとき、身体ではどんな感覚を感じるでしょうか？

さて、ひと通り終わったら、あなたのリストを以下の６つの感情における典型的な身体的兆候の説明と照らし合わせてみましょう。

悲しみ

・瞼が重く感じられる。
・目がうるみ、涙が出る。
・喉の奥が少しヒリヒリする。
・胸がうずいたり重たく感じられる。
・肩をおとす。
・エネルギーが湧かず、全身重く、ゆっくりと感じ、内省的になる。

怒り

・歯ぎしりする。
・鼓動が早まる。
・体が熱くなる。

・顔がほてって赤くなる。
・叩いたり攻撃しようとしたりして（怒りの対象へと向かって）前へと突き動かされるような衝動を伴う圧力が内面で湧き上がってくる。
・力が湧き、強く感じる。

恐怖

・手が冷たくなる。
・息遣いが深く早くなったり、息が止まったりする。
・手足がぶるぶる震える。
・胃がぎゅっとする。
・全身震える。
・足へ血が巡り、（危害を受けないように）後退し、逃げ、走りたい衝動にかられる。

幸福

・笑顔になる。
・目を大きく見開く。
・胸が広がるような感じ。
・全体的に軽く浮き立つような感覚。
・内面がほんわかした感じ。
・エネルギーが湧く。

・熱意とやる気が湧く。

愛

・心臓が膨らむような高揚した感覚を覚える。
・体のなかで溶けていくような温かさを内部に感じる。
・鳥肌がたったり、ワクワクする感じがする。
・他人に対して優しい気持ちになる。
・前へ踏み出し抱きしめ優しくしたくなる。
・静かな、満たされた気持ちになる。

罪悪感・恥

・目を背けたくなる。
・頭をたれる。
・背を向け、身を引き、隠れたいという衝動を感じる。
・全体的に重く感じる。
・エネルギーが低下する。
・（恥によって）吐き気を内面で覚える。

おそらく、これらの感覚を多少なりとも体験したことがあるでしょう。このリストにはない、あなただけに特有な感覚もあったかもしれません。だとしたらすばらしいことです！　あなたは自分の個人的な感覚について徐々に自覚しつつあります。感情的マインドフルネスを発達させつつあるのです。

感情的マインドフルネスはスキルであり、他のどんなスキルもそうであるように、習得し発達させることができるということを覚えておいてください。訓練が必要なのです。

次のようにやってみましょう。好きなときに、立ち止まって「私は今どう感じているか?」と自分に問い、まさにその瞬間に自分の内面で起こっていることに耳をすませてみます。自分がこうあるべきだ、こうあってほしい、と思うことではなく、ただそこで起こっていることを見つめ、意識的に身体上で感じられることに意識を向けます。意識がさまよったり、思考に乗っ取られそうになったりしたときは、身体に意識を戻すように自分に言い聞かせ、その通りにすること。じっと観察すること。この行動を繰り返すたび、自分の身体的感覚に集中し直すたびに、あなたは新しい習慣を身につけているのです。自分の感情的体験に気づき、意識を払うように心を訓練しているのです。

感情的マインドフルネスには、偏見なく受容的で中立的な立場から取り組むことが大切です。感情の世界では、正しいとか間違っているとかということはありません。すべきことは、ただ自覚し、その瞬間にとどまって集中することなのです。

†

感情的マインドフルネスを実践するにしたがって、身体で感じられる体験についてのマークの自覚は高まりました。言うまでもなく、彼が思っていたよりもずっと多くの感情がそこにはありました。しかし感情に対して心を開こうと努力するなかで、それらの感情を避けるために用いてきた多くの方法についても彼は理解し始めました。この点に関して、さっそく次の章「防衛」で見ていくことにしましょう。

【この章のキーポイント】

- 認められていない感情は、私たちの体験や態度にネガティブな影響を与える。
- 訓練によって、もっと自分の感情について意識的に気づくことができる。
- 感情は身体で感じられる。
- 思考は感情からあなたを遠ざける。
- 意識的に自分の身体的感覚に耳を傾けることによって、自分の感情に近づくことができる。
- 基本感情は8つあり、その他の感情はすべてこれに基づいている。
- あなたがどう感情を感じるかに正しいとか、間違っていることはない。ただあるがままでいいのだ。

第4章　ステップ1（続き）――自分の防衛に気づくこと

悲しみを締め出そうと自分の周りに築いた壁はまた、喜びをも締め出してしまう。
――ジム・ローン

ジュリーは上司のオフィスを出ると、なんとか気を落ち着かせようとした。足早で通り過ぎる姿を誰にも気づかれないようにと願いながら、早く自分の仕事スペースでひとりになろうと廊下を急いだ。この瞬間を自分だけで味わいたかった。腰をおろして、たった今起きた出来事を理解し、頬をつねってそれが夢でないことを確かめられるように。デスクの椅子に滑り込むと、心臓がドキドキして胸がざわついているのが感じられた。ジュリーは呼吸を整え、落ち着こうとした。

深呼吸、さあ、とにかく深呼吸。彼女は心のなかで言い聞かせた。

驚いたことに、たった今、上司が彼女に管理職のポジションをオファーしたのだ。入社して1年にも満たない者にとって、これはかなり大きな昇進だった。

私、よくやっているに違いないわ！

わずかの間、ジュリーはかすかな自信と自分の価値、誇らしい気持ちが自分のなかで膨らんでくるのを感じた。実際それは夢のような仕事だった。密かにやりたいと思っていたことだ。彼女は椅子に背を伸ばして座り、顔をほころばせた。窓から差し込む日の光が温かく彼女の顔を照らし出していた。

彼女は受話器を取ると、さっそく両親に電話をかけた。この知らせを誰かに伝えたかった。

「お父さん？」彼女の声は興奮で震えていた。

「いったいどうした？　なにか問題でもあったのか？」

「なんの問題もないわ、お父さん。実はいいことよ。いい知らせを伝えたくて電話したの」

「なんだろう？　どんなことだい？」

「上司から昇進のオファーを受けたのよ！　部署のマネジャーになるの」

「本当に？」

「ええ」

「すごいね」

そう言うと、彼女の父親は一瞬沈黙した。それはまるで電話口から消えてしまったかのようだった。ジュリーは、だんだん気まずい気分になってきた。

「それは責任が重そうだね」と父が言った。「おまえにできるのかい？」

「それは……、まあ……、もちろん……、うん……」

ジュリーはだんだん心が重くなってきた。まるで巨大な掃除機に吸い取られるように気持ちが萎えていく、この感じは身に覚えがあった。何度こんな目にあっただろう？　父にいい知らせを伝えると、いつも疑いや懸念、心配といった反応を示すのだった。

自分のなかのどこかで怒りが生まれるのを感じたが、ジュリーはそのまま話し続け、父に新しいポジションではどんなことをするのか、なぜ自分にはその仕事が向いているのか、なぜこの昇進が理にかなっているのか、などを説明しようとした。

「そうか、おまえがいいと思うのなら、私もうれしいよ」、父はやっと取り繕ったような熱意を込めて言った。

「ありがとう、お父さん」。気まずい沈黙がまた流れ、ジュリーはなにか言い訳をして電話を切った。

予想できたことだわ、電話を切ってジュリーは思った。**なにを期待していたのかしら？ お父さんはいつもこうだわ、**と心のなかでつぶやいた。しかし、心の奥底では再び怒りが頭をもたげていた。でもそれが膨らんでくる前に、彼女は立ち上がるとそれを振り払おうとした。**お父さんはよかれと思ってそう言ったのよ、**と自分に言い聞かせた。**お父さんが私に最善を望んでいることは知ってるわ。ただ分かっていないだけ。**不愉快になるまいと、彼女は父の反応はもう忘れて気持ちを切り替えようと誓った。

でもたった数分前に自分のなかにあった興奮は、もうどこにも見当たらなかった。いったいどこに消えてしまったのだろう？ その後何日も、新しい仕事について気持ちが高まりだすと、きまって不安感に襲われた。いい気分になりすぎたらなにか悪いことが起こり、そのうち失敗するのではと心配になった。自分に対するポジティブな気持ちが湧いてくると、緊張し、気まずくなり、昇進でうぬぼれている自分に罪悪感を感じた。父の反応を考えると一瞬苛立ち、不満、怒りを感じたが、続いて本当に自分は新しいポジションでやっていけるのか、本当に自分はそれに向いているのか、などと自分への疑念が湧くのだった。

疑問、迷い、心配。昇進したばかりの人になんと似つかわしくないことだろう！

なにが起こっているのか？

ジュリーは、父親ではなく、他でもないジュリー自身が自分の最大の敵になってしまったことに気づいていません。この時点では、彼女自身が自らの困難の原因となっていることに気づいていないのです。子どものころ、ジュリーは父親からのネガティブな反応を事前に予測することを学びました。時が経つにつれ、こうした父親の反応は彼女の精神《マインド》に埋め込まれ、いまや彼女自身の反応過程の一部と化してしまったのです。ある意味で、自分の感情に対して父親と同じように反応するようになってしまったのです。さらに悪いことに、自分の感情を多少は自覚しているにしろ、自分がそれをどう阻害し、押しやり、切り離そうとしているのかについてはまったく分かっていません。自分自身が妨害しているということに気づいていないのです。

興奮、誇り、怒りといったジュリーの当初の反応は、すべてとても真っ当で適切なものですが、こうした感情が不安を掻き立てるので、彼女はなんとしてでもそれらを避けています。うれしくて興奮するとなにか悪いことが起こるのではないかと怖くて、そうすることを恐れています。誇らしい気持ちを感じると、思い上がってうぬぼれていると思われるのではと不安に感じ、気まずさを感じます。そして、父親への怒りを感じてそれを表したら、彼は動転し、傷つき、どう対処してよいか分からなくなってしまうのではと心配し、そうすることを恐れています。

これほどまで感情を妨げられなかったら、ジュリーにはよいことがいっぱいあったはずです。自分を誇らしく感じることができていたら、そんなに疑念でいっぱいになることもなかったでしょう。しばらくの間、高揚感に身をゆだねることができていたら、実際に幸せな気分になったでしょう。そして、もし怒りを感じることができていたら、彼女は父親に自分の本当の気持ちを話すだけの確信と力を得て、前へ進むことができたでしょう。

しかし、代わりになにが起こったのでしょう？　自分のしていることにも気づかないまま、彼女は怒りを感じだすと、それが完全に消えるまで畳みかけるように議論したり、依然どこかで怒りを抱えながらも、怒りを退けたり父の弁解（**よかれと思ってやっている、分かっていないだけ**、など）をしたりして納得しようとしています。また、気持ちが高まってくると、その気持ちから逃げ出すようにくよくよと心配し、誇らしい気持ちが自分のなかで芽生えると、お高くとまって偉そうにしているのではと自分を制止してしまうのです。

防衛線

私たちの多くにも見られるように、ジュリーは、ある感情を感じだすと生じる苦痛から身を守るためのありとあらゆる方策《ストラテジー》を無意識のうちに作り上げていたのです。こうした反応は**防衛機制**と呼ばれています。いくつかの心理学派で、防衛機制は不快な考え・感情・欲求を避けるために用いられる無意識のプロセスであると定義されています。感情恐怖症においては、感情やそこから生じる不安を遠ざけるために使われる思考・態度・反応のことを防衛機制、または、単に防衛とみなします。ある意味で防衛は、自分の感情に近づいたときに感じる苦痛とその苦痛から逃れたいという欲求によって動機づけられる対処方法と言えます。要するに、それらは恐れへの対処法なのです。

防衛の起源

第2章で、乳児期の私たちが自分の感情への保護者の反応に、どれほど敏感であるか述べました。ネガティブな反応に対する恐れは、ある特定の感情と結びつき、そうした不安感を引き起こす感情を消したり避けたりすることによって、私たちは自らの感情の範囲を調節しています。私たちの防衛反応は、この乳児のころに生まれます。それは、困難な状況に対処し、養育者との絆を維持し、自分の感情的体験や表現に不寛容な環境で安心感を得るための最善の努力なのです。歳を重ねるにつれて、これらの防衛はより洗練され、感情に対する「デフォルト」反応へと進化します。たとえば、私たちは普段、悲しみに対して、退けたり、気を紛らわせたり、悲しいと思わせる状況を過小評価しようとしたりして対応しているかもしれません。同様に、怒りに対しては、そうした感情から自分や周りの人間を守るために思考をそらせたり、会話の話題を変えたりして応じているかもしれません。

でも、先ほど私が、こうした防衛機制は、**子ども時代の**最善の努力、と述べたことに気づいてください。私たちは、もう子どもではないのです。かつては役に立ったことが、大人となった今も有効とは限らないのです。実際、私たちの防衛の多くは時代遅れになっていると考えられます。感情的雰囲気は変わったのに、私たちは同じまま。恐れる必要はないのに、感情をまるで恐るべきもののように反応してしまうままなのです。そんな必要がないのに、自分や周りの人間を守らなければならないかのように振る舞っているのです。そうした古くなった反応様式によって、持って生まれた感じる能力が低下し、また、感情面での発達が滞ってしまうのです。

私たちが行き詰まってしまうのも無理はないのです。

そうは言っても、防衛というのものは本来悪いものではないということは認識しておく必要があるでしょう。実際、それはとても健全なこともあります。感情について言えば、私たちはある程度防衛が必要であり、さもなければ時も場所もわきまえず、必要以上に感情を出しまくってしまうことになるでしょう。私たちの防衛は、（仕事場、社交の場、権威のある人の前など）感情をあからさまに出してはいけない状況において、感情を制御し、より扱いやすくするのに役立つものなのです。

しかしながら、避けることが感情に対する通常の反応となってしまうと困ったことになります。防衛に頼りすぎ、自分の感情に意識的に直接対処する方法を学ぶことがなかった場合、私たちは自分自身と深く触れ合うことから得られるメリットを奪われてしまいます。本来の感情や本当の自分、自分の人生に関わる人々から切り離されてしまうような、不健全な行動パターンを繰り返す結果になってしまうのです。明らかに、これは幸せにはつながりません。実際、心理学者で教師でもあるドロシー・コークビル・ブリッグスはかつて、「自分の感情を隠す分だけ、あなたは自分自身と他者から隔離され、孤独感も比例する」と述べています（Briggs, 1977）。

さらに困ったことに、どうにかやっていこうと防衛に長く頼れば頼るほど、それはもっと深く根を張ってしまうのです。そしてついには、そのまま自動的に作動してしまいます。私たちは感情に対して反射的に、無条件反射として反応して、気づきもしません。この自覚の欠如がとくに問題なのです。自分のしていることを認識していないと、自ら選択やコントロールができないからです。なにも考えずに同じことを繰り返し、なぜ物事が変わらないのか、どうして前へ進めないのだろうかとただ思っているのです。自分の防衛に翻弄されて、別のやり方をする力を失ってしまうのです。

ジュリーの体験から考えてみましょう。彼女は、自分の怒りを遮るように議論したり、依然としてそれが消えない場合は繰り返し払いのけたりしていることに気づいていません。怒りにさらに近づいた場合は、すぐ自分の能力を疑いだして心配で頭がいっぱいになってしまいます。まったく気づいていないのです。もし自分の状態が分かっていたら、きっと別のやり方、もっと健全な方向へと導いてくれるやり方ができたことでしょう。たとえば、怒りを感じたときに生じる不安感にうまく対応し、怒りを受け入れて利用する方法を学び、父親に対してもっと建設的に応じることができるようになったかもしれません。それなのに彼女は、こうしたパターンを自覚しないまま、なぜ高揚感をずっと感じていられないのだろう、なぜ心から自分を誇らしく思えないのだろう、なぜ幸せな気分になってもすぐに不安になってしまうのだろう、とずっと疑問に思いながら、心配・疑念・恐怖といった感情にとらわれているのです。

一番大切なこと

自らの行動パターンを改善するためには、自分が自分でどのように感情を妨げているのかに、充分に把握しておく必要があります。自分の感情に近づいたとき生じる恐怖や不安から身を守るために作り上げた様々な方策《ストラテジー》について、すべて自覚しておく必要があるのです。自らの防衛を識別できなければならないのです。

そのためには、それを行う意志と好奇心、そしてやる気が不可欠です。率直にあるがままの自分を見つめ、自分のしてきたことについて興味を持ち、そして意欲を持って取り組まなければなりません。もし、いわば保身的な態度で、この自己発見の機会に臨むならば、前進することはできないでしょう。バンテ・H・グナラタナが著書『マインドフルネス――気づきの瞑想（原題：Mindfulness in plain English）』のなかで述べているように「その存在を否定し続けるならば、なにかを充分に調べることはできない」のです（Gunaratana, 2002/2012）。

マインドフルネスといえば、自分たちの行動パターンへの意識的な自覚を高めるためにも用いることができます。私たちは、自分の感情とそれに対する自らの反応について認識を高めなければなりません。感情的マインドフルネスを実践することで、自分の感情の存在に敏感になるだけでなく、それらを避けようとする行動についても目に見えるかたちで明らかにし、そしてもし望むならば、それらを解決するよう対処すればよいのです。

つまり、自分の防衛に気づくことで主導権を取り戻すのです。こうした気づきによって、再びコントロールを手にし、選択肢を広げ、そして変化を起こすことができるのです。自分の防衛について自覚を高めることは、感情的に解放され、他者とより深くつながろうとする過程で欠かすことのできない重要なステップなのです。

そこで、この時点での主な目標は、自分たちがどのように真の感情を妨げている可能性があるのか、認識を高めることです。まずは、防衛が実際どのように働くのかについて知ることから始めましょう。

自分を思いやること

自分の防衛が次第に見分けられるようになり、自分がいかにいろんな手を使って無意識に自己の感情を避けてきたのかということを理解しだすと、自分に対する腹立たしさを感じることがあります。もし、そんな気持ちが湧いてきても、それはあなただけではありません。当惑（「なぜ今まで分からなかったのだろう？ 自分のしていることにどうして気づかなかったのだろう？」）や苛立ち（「どうして自分はしっかりと物事に対処できないのだろう？ なぜこんなことをし続けてしまうのか？」）、さらには恥すらも（「私はどうかしてしまったんだろうか？」）感じることは珍しいことではないのです。しかし、そんなときは懐かしい現実を確認してみることです。大局的に物事をとらえなければなりません。あなたの防衛はずっと以前、ほんの子どもだったころに働き始めたものだということを思い返してください。子どもとしてできる最善のことをしたのであって、自分にそれ以上のことを期待するのはフェアではありません。大目に見てあげましょう！ 嫌な気分になったときの対抗手段は、自分を思いやることです。子どもの自分を想像してみましょう。当時、自分の置かれた感情的雰囲気のなかで精いっぱいやっている自分を。あなたは、できる限り最善を尽くしたのだと自覚しましょう。そして、今はそうでなくてもよいことを知っている自分に感謝するのです。今のあなたは選ぶことができます。大人になって、もっと多くの選択肢があるのです。新しいやり方を学ぶことができるのです。あなたは新しいやり方をまさに今学びつつあるのです。

物事のかたち

しばらく前、精神分析分野の先駆者であるヘンリー・エズリエル博士は、隠された感情、不安感、防衛パターンの相関関係を説明する方法を考え出しました（Ezriel, 1952）。この巧みな概念化は、その後他の理論家たちによってさらに練り上げられてきましたが、人間の行動をより明確に理解するのに役立つだけではなく、感情にまつわる葛藤を人々が克服する手助けをしようとするセラピストたちにとっても非常に有益であることが証明されています（仕事でもプライベートでも、私にはとても役立っています）。さらに私のクライアントの多くが、このシンプルな略図を学ぶ意義を認めて、自分たちの行動に対する理解を深め、防衛について認識し、自分の真の感情

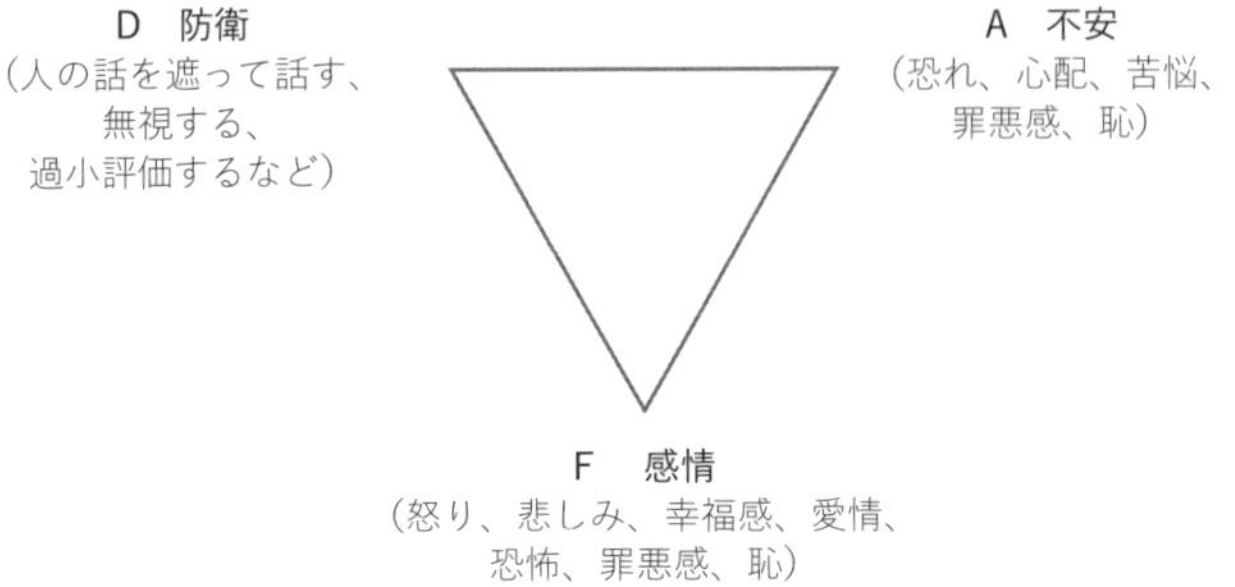

図4・1 感情体験の要素

を明らかにするのに役立てています。そんなわけで、ここでこの略図を紹介したいと思います。

図4・1にあるように、三角形の角はそれぞれ感情的体験を構成する3つの要素に対応しています。下の角は感情（F）です。感情が三角形の下部に位置しているのは理にかなっています。感情は基盤であり、私たちの心の奥底から上へと「ボトムアップ」で現れるものだからです。右手の角は不安（A）で、感情に対する恐れを示し、左手の角は防衛（D）を示しています。両者が上部に位置するのは、実際の生活のなかで、どのように不安や防衛が表面に生じ、その下に横たわる真の感情を覆い隠してしまうのかということを指し示しています。

図4・2は、私たちが恐れている感情を体験したときに、なにが起こるかを示しています。プロセスを順に説明しましょう。まず生活のなかで、感情的な反応を引き起こすなにかが起こり、中核《コア》となる感情が現れます。その際、もしその感情が葛藤を感じるものだった場合、内部で警告が発せられます（映画の有名なフレーズ「ウィル・ロビンソン、危険です！」といった具合に）。そして、不安を感じだします（A）。不安感が増大するにつれて、危険から逃れるよううながされます。つまり、防衛的な行動に駆り立てられます（D）。

私たちの防衛は現場へ直行し、反撃を開始します。感情を押し戻し、それによって恐れが消え、少しの間、安全が回復します。しかし、それも不

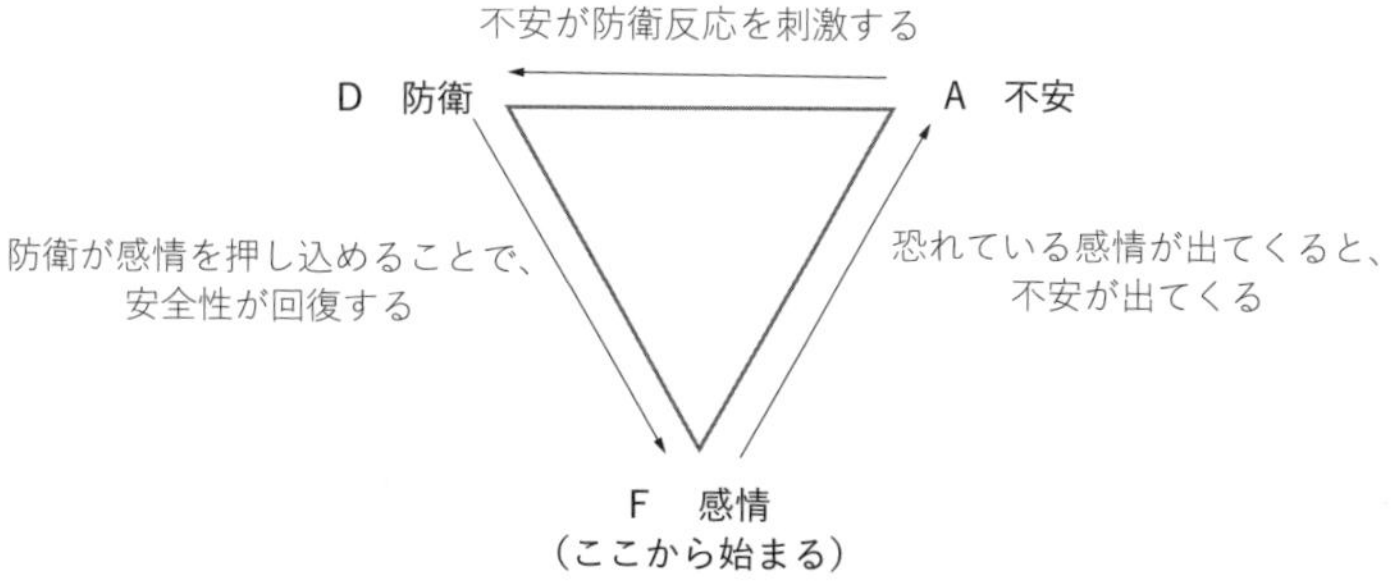

図4・2　私たちが恐れている感情にどう反応するか

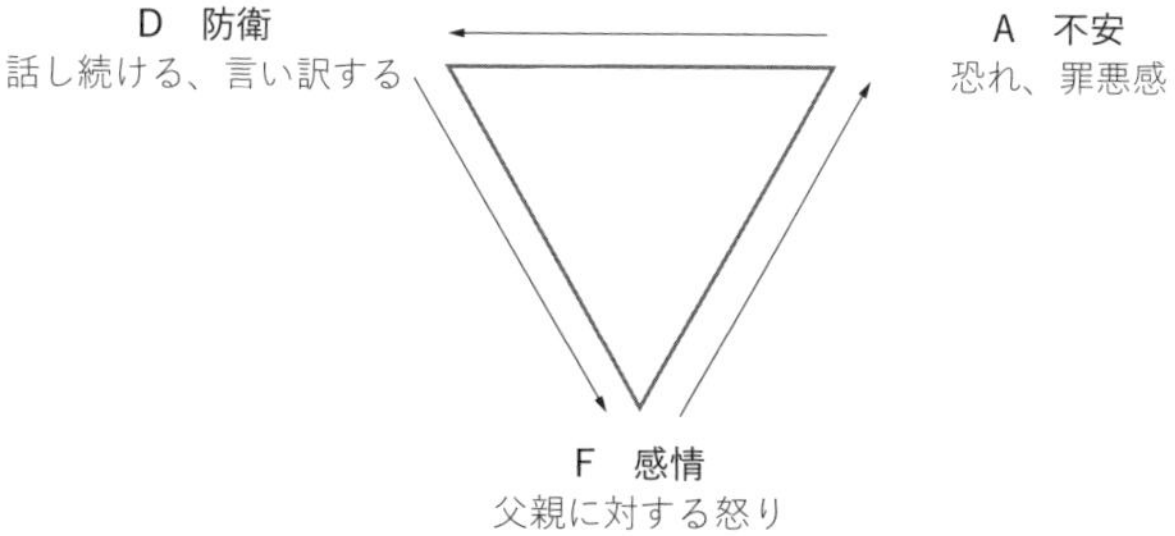

図4・3　ジュリーの怒りに対する反応

安を引き起こす別の感情を感じだすまでであり、このパターン全体が再び繰り返されるのです。同じ防衛戦略が用いられるわけではないにしろ、この3要素からなる同じプロセスが繰り返されるのです。

ジュリーの体験（図4・3参照）に関して言えば、彼女が父親によい知らせを伝えたとき、一緒になって喜ぶ代わりに、彼は疑念と心配を呈して芳しい反応を見せませんでした。父親は新しいポジションでうまくやっていくジュリーの能力に疑問を投げかけ、ジュリーは当然のことながら怒りを感じだします（F）。しかし、ほとんど無意識のうちに、彼女はどこかで自分の怒りに葛藤を覚えて不安になります（A）。不安感を抑えるために彼女は話し続け（D）、怒りを落ち着かせることに成功します。その後、父親の反応を思い返すと、再び怒り（F）が頭をもたげ、彼女は不快な気分になります。よって父親に関する言い訳をすることで防衛的に反応し（D）、それによって再び怒りを奥深く押し戻す、といった具合です。

このプロセス全体は、通常、無意識のうちに（つまり私たちの意識外で）起こるということを覚えておいてください。ジュリーは自分の感情を避けていることに気づいていませんし、一般的に私たちもそうです。通常、私たちは自分たちのなかで起こっていることについて自覚していません。自分たちの感情が違和感を引き起こしていたり、感情に対して自分たちが防衛的に反応したりしていることに。ただ、それが起こっているだけです。しかし自分の感情的体験に耳を傾け、感情的マインドフルネスを実践すれば、そうした違和感やそれを避けようとするやり方について、もっと気づくようになるのです。

私たちの防衛がどのように働くかについて理解したところで、不快な感情をかわすために用いられる防衛戦略をいくつか見てみましょう。

別れを告げるたびに

これで最後ね、駐車場に近づくとブレンダは思った。彼女と友人のエミリーは、今まで何百回となく一緒にしてきた毎週おきまりの湖畔の散歩を終えようとしていた。でも今回は違った。エミリーの夫が海外での仕事を見つけ、彼女も数日後に彼のもとへと移住することになっていたため、これがおそらく当分の間で最後の散歩になると思われた。

散歩の間ずっと、エミリーと共に過ごしたひとときの数々、楽しいときも苦しいときも、よいときも悪いときも、いつもそばにいて支え合ったことなどが、ブレンダの頭のなかに次々と浮かんでは消えた。エミリーが8年前にこの町に越してきて以来ずっと、ふたりは親友だった。その彼女がいなくなってしまう。なんだか、本当のこととは思えなかった。

その何日も前から、エミリーと会うことを考えるといつもブレンダは不安になった。大切な友達に別れを告げなければならないということ、そして、そのときに向き合いたくないという気持ち。彼女はそれを振り払い、そのときが来たら考えればいいと自分に言い聞かせた。しかし、その瞬間がやってきた今、心の準備ができているようにはまったく思えなかった。

一緒に過ごした楽しいときを回想しながら、彼女たちは話し、笑い合ったが、悲しみについては一切触れなかった。何度もブレンダは胸に悲痛な思いを感じたが、そのつど話題を変えたり気を紛らわせたり、はたまた湖畔に立ち並ぶ大邸宅のひとつに（「あの家、前から好きだったのよ！」などと）感嘆したりして、その気持ちを押しやった。そして、ついにおしゃべりも尽き、言葉にならない気持ちを含んだ気まずい沈黙に包まれた。突然、これ以上別れという現実を避けることはできなくなった。

「来週あなたに会えないのが信じられないわ。いつもそうしてきたように、ただ一緒に過ごすことがないなんて」。自分の車の前まで来て立ち止まるとエミリーが言った。

ブレンダは喉に詰まるものを感じ、自分のなかで感情が噴き出してくるのを感じたが、取り合わないようにした。「まあ、近ごろはメールとかあるから、いつでも連絡を取り合えるわよ。これまで以上にもっとつながり合える時間が取れるかもしれないわ」

エミリーは笑顔を作ろうとした。そうであってほしいと信じたかった。「さてと、もう行かないと。さもないと、私泣いてしまって止められなくなるから」。抱き合うと、ブレンダはまるで溶けてしまいそうな感じがしたが、内側で湧き上がる激しい感情に必死で耐え、押しやった。もうこれ以上耐え切れないような気がした。ブレンダは自分の車に乗り込むと、笑顔でエミリーに手を振り、目を背けた。エミリーの顔に浮かぶ悲しみの表情を見て、それが自分自身の気持ちに重なり、堪えられなかった。彼女は車のラジオをつけると走り去った。「きっと大丈夫」涙をぬぐいながら彼女は思った。

あなたのことを知るということ

別れとはつらいものです。自分の感情を避けようとしているときは、とくにそうです。心を開いて感じていることを分かち合えないとき、そして、その瞬間がたいしたことないかのように振る舞い、強い喪失感を最小限に抑えようとするときは、とくに。もしブレンダがひとりで別れのつらさを抱え込まなかったら、それはどんなものになっていたでしょう？　もし自分の悲しみをエミリーに伝えることができていたら？　きっと、さらにお互いに親密感が増し、共有する悲しみによってお互いを思う気持ちを再確認できて、ふたりとも気分が晴れたはずです。たとえ、それがつらいものであっても、心の底にある感情に触れることでそれを和らげることができるだけでなく、ふたりともお互いひとりで悲しみに暮れることもなかったでしょうから。

ブレンダの行動について、身に覚えはないとあなたは言い切れるでしょうか？　もしかすると、友達や家族と同じような体験をしたことがあるかもしれません。あなた自身がこうした行動をとったかもしれません。困難な瞬間に際してのブレンダの反応の仕方は非常に一般的なものです。私たちの多くは、なにかを失ったときに自分の感情に寄り添うことが難しいものです。なぜか？　それは、私たちが感情的な苦痛を表すことで、もっと本当に気分が悪くなるのではと恐れているからです（実際はその逆なのですが）。だから私たちはブレンダのように、それを避けようとします。その瞬間をなるべくたいしたことないものと考え、気持ちからとりあえず逃れて結局そのままにしてしまうか、気持ちを感じたとしても立ち止まってそれに寄り添うことができないのです。気まずくなりだすと、ただ話題を変え、気持ちを切り替えようとするのです。

こうした行動はすべて、防衛です。

自分のなかの防衛反応を見分けられるようになるのは、かなり大変かもしれません。それにはもっともな理由があります。自分の感情に対する防衛反応の仕方は星の数ほどあります。実際、**あらゆる**思考、行動、反応も、真の感情を避けるために用いられるならば、防衛になりえます。可能性は限りありませんが、ただそのなかでも、比較的共通に見うけられる特定の防衛戦略も存在します。より一般的なものを知ることで、自分のなかにあるそうした防衛、また、まぎれもなく自分が編み出した他のすべての「テーマのバリエーション」に徐々に気づけるようになるでしょう。

一般的に私たちの防衛は、おおまかに2種類のカテゴリーに分けられます。人に対するものと自分に対するものです。

人に対する防衛——相手と自分の間

人に対する防衛（対人的防衛）とは、他人に自分の気持ちを隠したり、自分が感情的にさらされたり見られたりすることを避けるときに行うもので、次のような行動を含みます。

・感情が表面化しだすと、他人から目をそらしたり、背を向けたりする。
・怒りや悲しみなど、実際は他の感情を抱いているときに、笑顔を作ったり笑ったりする。
・話題を変える。
・矛盾することを言ったり、たった今表した感情を最小評価したりする。
・他の人間が口をはさむ余地《スペース》がないほど、早口で話したりずっと話し続けたりする。
・まったく口をきかず、心を閉ざし、自分の内に引きこもったり、黙り込んだりする。自分がどう感じているかについて具体的な言及を避け、漠然と一般的なことしか言わない（「大丈夫」「平気」など）。
・自分自身や他人の感情に真剣に取り合わない（「僕が腹を立てているようだって？　いやあ、そんなの気にもならないよ！」）。

さらには、身体上で感情を抑え表に出ないようにするようなやり方もあります。内面で湧き上がる感情に対して意識的に堪えようとする場合もありますが、他の多くの防衛と同様、これらの身体的反応の多くは自動的で無意識です。これには、以下のようなものが含まれます。

・体全体がこわばる。
・ある特定の部位（胸、首、喉、あごなど）が締めつけられる。
・（体全体ないし部分的に）しびれる。

対人的防衛については、この章や他の章に出てくる話のなかでもいくつか例を挙げています。たとえば、ブレンダは、感情が芽生え湧き上がってきたときに、**話題を変えたり**、エミリーから**目をそらしたり**しました。第2章に出てきたカレンはどうでしょう？　結婚生活で苦しんでいる問題について話している間、彼女が終始**笑顔だった**ことを覚えているでしょうか？　第3章に登場したマークは、兄と会うことについてどう思うか私が尋ねると、しょっちゅう**体をこわばらせ、目をそらし**ました。そして第1章のアレックスは、「きよしこの夜」の旋律を聞いて深い悲しみがよみがえったとき、妻から**目を背け**ました。車のハンドルをぎゅっと握り、**体をこわばらせ、自分の気持ちを押し戻そう**としました。

これらすべての行動は防衛です。彼らは自分たちの感情を抑え、他者と共有することを避け、そして究極的には感情的にオープンで傷つきやすい状態にあることで得られる他者との親密さを回避するために、このような方法をとったのです。私たちの防衛は、幼少期の保護者との関係という対人的な背景から生まれてきたものだということを思い出してください。感情と結びついた恐れをずっと抱え、また自分の感情的な表現に対する他者の反応についても恐れているのです。このように、私たちは自分たちの感情と、自分が心を開いた相手が、かつて保護者が示したような反応（無視、軽蔑、離脱、緊張、敵意、その他）を示すかもしれないという可能性、その両方を恐れているのです。本当の親密さというものは、感情的に率直でオープンであることを必要とするため、私たちにとって脅威なのです。

これらの防衛行動のなかに、あなたの感情の抑え方はあったでしょうか？　リストを見直して、身に覚えがあるものがないかどうか考えてみましょう。あなたが自分の気持ちに対してどう防衛的に反応しているのか、もっとよく知るための意識度を測るエクササイズも、このあと、続けて行います。

自分に対する防衛――本当の私と私の間

他者から自分の感情を隠すための対人的な防衛とは対照的に、**自分に対する防衛**（対自的防衛）は、自分が感情を感じることから**自身を**遠ざけようとするやり方です。こちらは見つけるのがもう少し複雑で難しくなります。対人的防衛がたいてい、感情が表面化するまさにその瞬間に起こるのに対し、対自的防衛は一時的**かつ**長期にわたって続くものだからです。実際この手の防衛戦略のいくつかは、絶えず自分の感情を避けてしまうような慢性的な反応となってしまうこともあります。

たとえば、私が家から仕事、学校、ジムへ、そしてまた家へ、次から次へと常に走り回っていたと、先に述べたのを覚えているでしょうか？　それは、自分に対する防衛でした。こうした活動のすべては、自分のなかの本当の感情に近づかないようにするのに役立ちました。本当の感情、それは主に自分の判断を信じて人生を前へ進んでいくことに対する恐れでした。さらに私は、たまにだけ、このように振る舞っていたわけではありませんでした。それは自分にとっての生き方そのものになっていたのです。これは今だからこそ言えることですが、その当時は自分が内心どんなに不安であったか、多忙な毎日は実は自分のなかの恐れに対する強力な防衛だったなどということには気づいていませんでした。

第2章で説明した感情恐怖症の一般的な兆候のうち、実際いくつかは対自的防衛によるものです。それには次のようなものが含まれます。
・考えすぎ、思考に「はまる」こと、行動に移せない（私のクライアントいわく「分析まひ」）。
・主導権を握っている、過剰に自分で自分のことをしようとする（そうでなければ、強い見せかけの自分が壊れ、感情があふれてしまう）。
・いろいろな感情を喚起しそうな状況を避ける（悲嘆に沈む友達を訪ねない、落胆するのを恐れて新しい仕事に応募しない、自分を怒らせたり困らせたりした家族を避ける、など）。
・感情的な衝撃を抑えるために、状況や体験の激しさの度合いをできるだけ過小評価する（「本当にたいしたことではない」とか、中西部出身の私の友人の口癖でもある「それならまだマシだ」など）。
・感情を刺激するような状況に対して、冷淡でよそよそしく知性的な構えをとる（近しい人の葬式のあと教会の歴史などについてばかり話す、愛する人が重い病気のとき病気の経過についての科学的な事柄ばかりにフォーカスする、自分について話すとき「私」という一人称ではなく二人称で話す、など）。
・パッシブアグレッシブな態度をとる（すなわち、自分の怒りを受け身で表す。意地を張る、遅れてくる、なにかを行うのをわざと「忘れる」など）。

他にも自分の真の感情を避ける一般的な方法として、次のようなものがあります。

・言い訳をする、自分（または他人）の行動を正当化・合理化する（順当な昇進がかなわなかったとき、今年は例年と違って会社がそうしなかったのだと理由づけする、自分がしたことに対して罪悪感を感じる代わりに、約束を破ったり誰かを不当に扱ったりした理由を正当化する、など）。
・忙しくしたり、気を紛らわせたりする（テレビを見る、ネットサーフィン、家の掃除、買い物、その他）。自分を責めたり攻撃したりする（「そもそもそんな仕事に応募したことがばかげていたんだ！　俺はなんてばかなんだ！」）。
・身体的ないし健康問題が発生したり、診断の結果も問題がなかったとしてもそれらで頭がいっぱいになる（緊張性頭痛、消化器系の問題、重大な病気を抱えているのではないかという根拠のない心配など）。
・感情を喚起しそうな話題、問題、状況についてその存在を無視したり否定したりする（家計が逼迫しているのに気に留めなかったり、薬物依存の問題を抱えているのに否定するなど）。
・依存症（アルコール、薬物、食べ物、セックス、ギャンブル、買い物など）。
・健全なかたちで感情を感じたり表したりするのではなく、感情を「行動で表す」（依存症、癇癪を起こす、けんかをする、避妊をしない危険なセックスをする、など）。
・意識的に感情を押し込めたり、抑圧したりする。

この最後にある防衛の仕方は、他の大方の防衛とは少し異なります。この場合は、私たちが感情を抑圧するとき、本当は自分のやっていることを自覚しています。感情を押し込めたり、避けたりといった意識的な選択をしているのです。安全な場所で感情を感じ表せるようになるまで、少しの間それを制したり阻止したりするために、この防衛は役立つかもしれません。しかし、どんな防衛反応にも言えることですが、抑制に頼りすぎたり、感情を押し込め続けて、健全なやり方で対処しないでいると苦しむことになるのです。

防衛に関する意識のエクササイズ

自分の感情に対するあなた自身の防衛の仕方についての意識を高めるために、ちょっと時間を取りましょう。対人的・対自的防衛のリストを見直して、自分にどれが当てはまるか考えてみましょう。じっと立ち止まり、自分が同じようなことをしていないかどうか、考えるゆとりを持ちましょう。

これらの行動パターンの多くは意識の外にあるため、今までの人生における感情的な状況の数々を思い出し、それに自分がどう反応したか考えることで、現実に則して評価してみるのがよいかもしれません。自分の気持ちに歩み寄ってそれを受け入れたか、それとも退いたか？　退いたならば、どうやったのか？　あなたがなにか感情を抱いている状況を想像し、それに対して自分はどんな防衛をもって反応しそうかを考えてみましょう。自分がいかにもやりそうなのはどれか？　実際にやったことがあるのはどれだろう？　紙か日記に、特定できた自分の防衛パターンを書き出してみましょう。他に感情を避けるためのあなた特有の方法はあるだろうか？　自分のリストも含めてみましょう。前へ進むにあたり、自分の防衛を書き出すことでそれらについての認識をもっと高め、無自覚のままでいるといった事態を避けることができるでしょう。紙か日記に、あなたのもっとも一般的な感情の避け方を5個リストアップしてみましょう。

防衛の実践例

対自的防衛の働き方をもっとよく理解するために、もっとも一般的なパターンのうちいくつかを以下の話を通して見ていくことにしましょう。各例の題目は、そこで用いられている防衛とそれによって回避される感情を示しています。

正当化と回避——恐怖や悲しみに対する防衛反応

ダイアンは電話を切ると、キッチンテーブルの椅子に腰かけた。たった今、89歳になる叔母が入院したと姉から電話で知らせを受けたところだった。**もうこれが最後かもしれない**、と彼女は思った。**すごく会いたい。私にとってとても大切な人だから。**しかし続いてダイアンは、病院に行っていつも元気いっぱいだった叔母が病気でベッドに横たわり、チューブにつながれている様子を見るのはどんなものか想像した。心臓モニターの音がピーピーと頭のなかでこだました。彼女の胸はうずきだし、不安の波に襲われた。**そうよ、きっと叔母さんは意識ももうろうとしていて、私がそこにいたとしても気づきもしないわ。**彼女は自分を納得させようとした。**行ってもきっと意味がないわ。ちょっと待って様子をみよう。**不安感が少し落ち着き、彼女は、なにかすることはないかと部屋を見渡した。そして席を立つと食器洗い機のなかの物を片づけ始めた。

身体的問題と没頭——怒りに対する防衛反応

デレクは、上司からたった今渡されたプロジェクトのリストを眺めた。ほんの短期間の間に終わらせるにはとてもこなせないほどの大量の仕事に思えた。しかし、上司に仕事量について意見を聞かれたとき、いつものようにデレクはなにも言わなかった。彼は自分のデスクへ戻りながらイライラしだし、そして不安とストレスを感じた。**いったい、どうやってこれを全部終わらせればいいんだ？** 彼は考えた。デレクは席に着くと、目の前に積まれた仕事の山をより分け始めた。と突然、彼は鈍い頭痛を感じた。**参ったな、まったく、こんなときに限って！** デレクは思った。その晩、仕事場から家に帰り着くころには、激しい痛みでなにも考えられないほどだった。デレクの怒りは、本来上司に限度というものを知らせるのに有益にもなりえたが、その感情はもうどこかに消えていた。それは文字通り「頭痛の種」になっていた。

過小評価——誇りや喜びに対する防衛反応

それは、わずか10分の間にマイケルが受けた4つ目の褒め言葉だった。みんなが彼のところにやってきて、彼のすばらしいファンドレイジングの仕事に対して口々に祝いの言葉をかけた。ある女性は、彼がいかに独創的ですばらしいイベントを作り上げる才能を持っているかについてとうとうと語った。それは本当だった。すべてはマイケルが考え出したものだったし、何か月も頑張って作り上げたイベントはさらに一層すばらしいものだった。彼の心のどこかで自分に対する誇り、うまくいった仕事への喜びが湧いてきた。にもかかわらず、マイケルは気まずさを感じ、落ち着かず、不安だった。周りから受ける高い評価と称賛の言葉を持て余し、どうにかして歯止めをかけねばならなかった。**みんな僕に甘いんだ**、彼は考えた。**誰にでもできたことだ。特別の才能なんて必要ない。**空になったグラスに目を落とすと、彼はもう一杯ワインをもらおうとまっすぐにバーへと急いだ。

考えすぎ——（決心のつかない）様々な感情に対する防衛反応

ローレンは、1年以上付き合っているニックに対する自分の気持ちが分からずに困っていた。友達や家族みんなの目にはパーフェクトなカップルに映っていたが、ローレンはそこまで確信が持てなかった。自分が本当はどう感じているのかもっとはっきりと知ろうとしても、結局ぐるぐる考えを巡らせるばかりで頭がいっぱいになってしまうのだった。もし私たちが彼女の思考の過程をこっそり聞いたとしたら、こんな声が聞こえたかもしれない（彼女が自分の気持ちとつながることなく、思考の間を行ったり来たりしている様子に注意してほしい）。

彼は本当にいい人だし、一緒にいてとても楽しいわ。でも、なにかが欠けているような気がする。それが、なんだか分からないけれど。私は本当に彼に恋しているのかしら。そもそも、それってどういうことなのかすら、

よく分からない。つまり、恋しているかどうか、どうしたら分かる？　自分でも気づかずに恋している場合だってあるわよね？　いや、彼のことを愛しているのは分かるけれど、なにかが違う気がする。一度ちょっとお互い距離を置く必要があるのかもしれない。ひとりになって自分がどう感じているのか考える時間を持つべきかもしれない。でもそうするときっと彼はとても傷つくわ。考えただけでどれだけ彼が動揺するか分かる。彼にそんなことするのは耐えられそうにもないわ。たぶん私はなにか期待しすぎなのね。彼ともっと一緒にくつろいでそんなに心配などしなければ、きっとそんなふうには感じないのかもしれない。彼はたぶん本当にぴったりの相手なんだと思う。でも……。

そしてローレンは堂々巡りを続けるのだ。いったいどこに行きつくのだろう？　それは誰にも分からない。そして、彼女にもまた、分からないのだ。

感情も防衛になりうる

どんな思考・行動・反応も、防衛として使われうると前述したことを覚えているでしょうか？　実は、感情それ自体も気持ちに対する防衛になりうるのです。その通り、自分が防ごうとしている対象そのものも防衛として使われることがあるのです。私たちの心の奥にある感情的体験を覆い隠すために用いられるとき、感情は防衛的になります。たとえば、本当は内面で傷ついていたり悲しんでいたりするとき、人はときどき怒りの反応を示します。反対に、絶望を感じ涙を流すとき、それは悲しみのように見えますが、実際その下では怒りを感じていたりします。様々な理由で、もっとも表面化しやすい感情のほうが隠された感情より受け入れやすかったり耐えやすかったりするため、防衛として使われたりするのです。このように防衛的感情は、深い感情レベルで本当に起こっていることを覆い隠す役割を果たしているのです。

感情が防衛的だとどうしたら分かるでしょうか？　ひとつのまぎれもないサインは、それがどこにも行かないということです。壊れたレコードのように何度も繰り返し、そして満足のいく終わりはやって来ません。怒りや罪悪感は弱まらないのです。悲しみや恐怖は引いていきません。そして、どんなに感情とじっくり向き合っても、そういった感情の軽減は一時的なものでしかないのです。心の奥にある適応感情はそうではありません。前方へと流れ、やがて立ち消えます。比較的早く消えてしまうこともままあります。そうした感情へ心を開き、十分に感じることができたとき、私たちは解放感を感じ、向上することができるのです。

防衛的な感情は、なにももたらしません。ジュリーの体験を考えてみましょう。父親との電話のあとで彼女が感じた心配と罪悪感は、心の奥にある怒りと幸福感に対するひとつの防衛でした。結局、彼女は防衛的な感情にとらわれ、前へ進むことができなくなってしまったのです。どんなに頑張っても振り払えません。そしてそれは、ジュリーが自分の防衛反応に気づき、潜在する心の奥の感情に対処しようとするまで振り払えないのです。

で、どうする？

はたして自分の行動パターンを理解できる見込みがあるのか確信がないとあなたが感じていたとしても、それは珍しいことではありません。つまるところ、先に述べたカテゴリーや防衛の名前をきちんと覚えることはそんなに重要ではありません。これから自分の行動について詳しく調べていくうえで使う枠組みとして、一般的な防衛的戦略を提示したまでです。一番大切なのは、自分のなかのどんなことに気をつければいいのかを知っていることです。

そして、それがまさに今やるべきことなのです。この時点でのあなたの主な課題は、注意深くなることです。感覚をとぎすまし、自分の反応に注意を向けること。自分が己の感情にどう反応するか気づけるよう、感情的マインドフルネスの実践を広げること。自分の感情に近づいたとき、自分がどうするかに気づきだすこと。感情が湧き上がってきたとき自分はどうしたくなるか、またはどうしなければと感じるかに気づくこと。感情が喚起されそうな状況に際して自分がどう反応するかを知ること。そのまま流れに身を任せるか、それとも抗おうとするでしょうか？　興味を持って自分の声に耳を傾けようとするか、それとも身構えてしまうでしょうか？

防衛と思われるような行動をとっている自分に気づくときがあるかもしれません。不安で落ち着かなかったり、動いたり気を紛らわしたりしないと気が済まない自分に気づくかもしれません。この章で見てきたような防衛的戦略を取っている、ないしは、取らねばと感じている自分がいるかもしれません。立ち止まり、なにが起こっているのかを自問してみましょう。なにが自分のなかの反応を引き起こし、違和感、不安、恐れを抱かせているのでしょうか？　もし、自分の気持ちがはっきりしないけれど、なにかが内面で起こっているのではとの疑いがある場合は、自分の思考や行動について自分に確かめてみるといいでしょう。なんらかの反応に気づくかどうか、興味を持ってみましょう。そして以下のように問うてみましょう。

内面でなにが起こっているだろう？　自分が気づいていることはなんだろう？　感知できることはなんだろうか？

自分の身体に起こっていることで気づくことはなにか？　どんな感覚を感じるか？

自分は何かを避けているだろうか？　感情を避けているだろうか？　そんな気がするだろうか？

自分のなかに直視したくないものや寄り添うのが怖いものがあるだろうか？　不安にさせるようなものがあるだろうか？

もし防衛的に反応しなかったら、つまり引き下がることをしなかったら、なにが起こるだろう？　なにを感じ、どうしたくなるだろう？

これらは自覚を高め、自分の体験に気づいて理解するための、自己を探る質問です。いくつかの質問は少し曖昧であることに気づいたかもしれません（自分の内面で何が起こっているのか？　なにに気づいたか？　感知できることはなにか？　など）。ここではあえてそうしています。自分の感情とつながろうとするとき、右脳を優先するということについて先に学んだのを覚えているでしょうか？　これらの質問を自由回答にしたのは、そこで見出したことに気づき、思考に埋没したり、なぜなのか理解したりしようとする代わりに、体で感じた体験に集中できるよう充分な余地《スペース》を与えるためです。

今、これらの質問に答えられなくてもかまいません。「分からない」という回答でも大丈夫です。自分で感じていることを特定することはそんなに重要ではありません。いずれ、そこに辿り着きます。重要なのは、自分の意識を外ではなく、内部へと向けることです。逃げ道を探るのではなく、その瞬間に意識的にそこにいることができるように自分を訓練するのです。

防衛探知レーダーをつけたら、そのままオンにしておきましょう。「連続モード」にしておけば、あなたの代わりに自分の一部が注意深く見張っていてくれます。自分の感情に防衛的に反応するその瞬間をキャッチできるかもしれませんし、そのあとに感知するかもしれません。自分の意識が高まりさえすれば、それはどちらでもよいのです。

無用な判断を下さないようにしてください。偏見なく心を広く持ち、自分のしていることをそのまま見つめること。**ほらまた自分を非難している、また話題を変えようとしている、言い訳をしている。思考にはまって自分の感情を無視している。ちょっと前に私はなにか避けようとしていたかな？　あのとき、どうしてあんなに体がこわばって締めつけられていたのだろう？　なんでペラペラまくしたてていたんだろう？**　そして、今や防衛だと分かるこうしたことをしている自分に気づいたら、意識を向けましょう。あなたの防衛は、自分の内面での体験を知らせるための合図なのです。それは自分自身に関して大変重要なことを見つけ出す貴重な機会なのです。

自分が防衛だと思われる反応をしていることに気づいたら、立ち止まり、ゆとりを持って、自分のなかに意識を向け耳をすませましょう。自分のなかにあるものに耳を傾けましょう。その瞬間に意識をし、なにか見出せるか見てみましょう。

このようにマインドフルでいる練習をすると、意識のレンズが開かれ、より完全に自分自身が見えてくるのです。そしてそうすることで、自らの反応をコントロールすることができます。今こそ、やり方を変えるチャンスです。より充実して満たされた人生へと向かうエキサイティングで新しい方向へと進むチャンスなのです。

【この章のキーポイント】

- 防衛とは、自分の感情を遠ざけるためになされる思考・行動・反応である。
- 防衛への過剰な依存は、様々な問題を引き起こす。
- 防衛は、自分の真の感情に近づいたときに感じる不安から身を守るために働く。
- 防衛は、他者と自分自身を自分の感情から遠ざけるために使われる。
- 真の感情的体験を隠蔽するために用いられる場合、感情も防衛となりうる。
- 感情的マインドフルネスを実践することによって、自分の防衛反応について認識する能力を高めることができる。
- 自分の防衛について認識することは、感情的に解放され、他人とより深くつながるために不可欠である。

第5章　ステップ2——恐怖を鎮める

自分の恐れることをしなさい。そうしたら恐れは必ず消える。
——ラルフ・ウォルドー・エマーソン

どんよりとした秋のある日、ほのかに照らしだされた私のセラピストのオフィスで、私は椅子に座っていました。鼓動が早まり、手がジンジンとし、私は自分に起こっていることを説明するのに苦心していました。自分の抱えている恐れをこと細かく話す私に、彼女はじっくり耳を傾けました。自分がどう感じたか、なにをすべきでどこへ向かえばいいのかなど、当時の恋愛関係に抱いていた疑念や将来に対する不安について説明していたものの、話せば話すほど不安になるのでした。私は延々と話し続けようとしていましたが、ある時点で本当の問題はまったく別のところにあると鋭く気づいた彼女は、身を乗り出すと話を制止しました。

「あなたの言っていることに対して、ふたつ言いたいことがあるの」彼女は言いました。「まずひとつは、あなたの不安が伝わってくるということ。それはとても激しくて苦しくて、本当に拷問のようね。でも同時に、それがどこか壁のように立ちはだかって、あなたのことを知ることができないように感じる。**本当の意味で**あなたを知るってことよ。もしその不安をちょっとの間退けておくことができたら、そこになにが見えるかしら?」

予期していなかった質問に、私は面食らいました。私は椅子に座り直すと、気を鎮めようとしました。それまで神経質に話し続ける私の声が響いていた部屋は、しんと静まり返りました。時計の針が音を立てているのが聞こえましたが、それは時がきしみを立てて止まろうとするかのようにだんだんゆっくりになっていきました。目の前には、まるでカメラの拡大レンズを構えるように、じっと私を凝視する彼女の視線がありました。

その視線から逃れるかのように、私は彼女の顔からその横の本棚に視線を移し、そして目を閉じました。注意深く自分の内面に集中し、そこにあると自分で思っていたこと以外にもなにかあるかどうか心の内を見渡しました。けれども、まるでそこにはなにも存在しないようでした。あるのはただ暗闇、虚無、そして恐れだけでした。

私は彼女の問いに対して首を横に振ると、再び試みました。ありったけの勇気を振りしぼり、両足を床に踏ん張って自分の内面に注意を向け、不安の下に隠されたものはないかと耳をすませました。

審判の日

自分のなかの恐れを鎮め、心の内にある本当の感情を知るための余地《スペース》を作る作業は、こうしてこの静かだが重要な瞬間から始まったのでした。当時は分かりませんでしたが、私はまさにそのとき、人生の転機となる体験に足を踏み出そうとしていました。それは1994年の秋、博士課程を卒業した数か月後のことでしたが、今ではもうどこか遠い昔のように思えます。そのころの私は別人のようでした。実際思い返してみても、当時の自分を認識することさえ難しいし、かつてそれほどの不安を感じていたことも思い出せないくらいです。でも私は不安でいっぱいでした。

かなり幼いころから、私は自分の本当の感情を疑い、自分の気持ちを信じて本当の自分をさらすことでもたらされる結果を恐れるようになっていました。なんとか前へ進んで多くを達成したとはいえ、心のなかでは苦しんでいました。本当に心を開いて自分の感情的体験のすべてを完全に受け入れたら、なにかよくないことが起こるのではないかと心の奥底では依然として予期していたのです。脳の古い配線が警告を発し続け、私はそれにうまく抑えられて、真の自己が完全に姿を現すことはありませんでした。

自分でも気づかないうちに、私は自分の真の感情とそこから生じる恐れを避ける数えきれないほどの方法を編み出していました。忙しくすること、気を紛らわせること、自分の気持ちを疑って理由をつけて退けたり、却下したり、拒絶したりすることなど、私の防衛はかなり長いこと不安を食い止めるのに役立っていました。しかし、私のなかではなにかがずっとひっかかっていました。心の奥底にある自分の声が、なんとか表に出て耳を傾けてもらおうと、防衛の鎧のほころびを探し続けていました。

それが表へ出てきたのが、卒業式の日だったのです。その後何か月もの間、学問探究という課題で気を紛らわすことのできなくなった私の表面はどんどんひび割れていきました。それまで逃げ続けてきた感情が、ついに噴き出しつつありました。

私は悟りました。もう逃げるのをやめ、落ち着いて頭のなかの雑音を静め、内面で起こっていることに余地《スペース》を与えるときだということを。もし自分が本当に望む人生を手に入れようとするなら、自分の感情を知ろうとする努力が必要でした。幸いなことに、私はすばらしいセラピストに巡り合い、助けを得ることができました。最初は簡単ではありませんでした。感情を避けることに慣れきっていたからです。実際、自分の内面で起こっていることに意識を向ければ向けるほど、感情を避けるために長年の間に自ら編み出した巧みな戦法の数々がどんどん明らかになっていきました。感情を回避するスキルをこんなにも身につけていたことに、自分ではまったく気づいていなかったのです。

しかし、今度はもっと別のスキルを磨かなければなりませんでした。自分の感情的体験を縛ってきた不安の力を解く方法、そして恐れを鎮める方法を学ぶ必要がありました。

こうして私が学んだことを、これからあなたにも伝えていきたいと思います。

防衛を乗り越えて

自分自身の防衛に気づき、感情にきちんと向かい合おうとすると、不安や恐れといった不快な気持ちにぶつかるのは避けられません。きっと、あなたもすでに体験しているでしょう。心配で不安な気持ちに気づいたかもしれませんし、それはもっと恐れに近いものだったかもしれないません。体のこわばり、胸が締めつけられる感じ、鼓動の早まり、もしくは焦燥感に気づいたかもしれません。これらはすべて恐れの兆候であり、そもそもあなたの防衛が構築されるきっかけとなったものです。

自分の感情に対して防衛的に関わることをやめると、避けようとしていた恐れにもっと触れることになります。この種の苦痛は気分のいいものではありませんが、実際それは自分の感情にだんだん近づいているということを示す有効なサインなのです。ある意味で、自分は正しい方向へ向かっており、自分の感情に近づいてそれらに対処する方法を学ぼうとしているということを知らせてくれているのです。よりよい豊かな人生へと向かっているのだと。

しかし、ここが成長する過程における正念場です。まず初めに、自分の不安を軽くする方法を探し出す必要がありります。さもなければ、私たちはきっと感情的体験を存分に味わうことを避け続け、そうすることで本来得られるはずの幸せを損ねてしまいかねません。だからこそ、こうした苦痛に対処し、しっかりと主導権を取り戻すためのより効果的な方策《ストラテジー》を練り上げることが不可欠なのです。

それではまず、私たちが不安で怖くなるときに厳密にはなにが起こっているのかをよく見てみましょう。

再び脳の話

第2章では、幼少期の感情に基づく体験が、どのようにして神経経路の一部となるか、そして、その結果、私たちの自己、他者、世界の受け止め方に大きな影響を与えることを概観しました。私たちの感情が放棄や非難の脅威をもって迎えられるとき、そうした感情は危機感と結びつき、神経システムにおいてなんとしても避けるべき感情の履歴「一覧」に加えられるのです。

これらを含む諸々の重要な感情の記憶をしまっておく倉庫が、「扁桃《へんとう》」という脳の奥深くにあるアーモンド型をした神経経路の集まりです。それはまた、出来事に関する感情的な重要性を測る脳の部分でもあり、状況がよいか悪いか、幸せなものか悲しいものか、安全なものか危険なものかなどを知らせてくれます。ここでの議論に扁桃《へんとう》が関係してくるのは、それが恐れを生じさせる脳の部分であるということに**加えて**、合理的な思考を圧倒し、現実を看過し、感情的体験をしのぐ強大な能力を持ち合わせているからです。

脳神経学者のジョセフ・ルドゥーの画期的な研究は、扁桃《へんとう》がどのようにして脳の他の部分を「ハイジャック」することができるのかについて説明するのに役立ちました（LeDoux, 1996/2003）。ニューヨーク大学の彼と研究チームは最先端の技術を使い、脳が備えている機能として、扁桃《へんとう》がいかに脳の「思考」をつかさどる部位である新皮質を通さずに身体に危険を知らせることができるかということを示したのです。扁桃《へんとう》は、私たちが状況をじっくり評価する間もなくとてもすばやく反応し、脳の残りの部分に信号を送って身体を闘争・逃走反応へと準備させます。合理性をつかさどる脳の部分がまだどう対処するか考えあぐねている間に、心臓は高鳴り、意識は高揚し、そして筋肉は戦闘態勢を取ります。最終的にはもっと十分に情報を備えた新皮質が介入してくるのですが、新皮質の神経経路はより複雑なため、余計に時間がかかってしまうのです。

この速射砲のような反応を可能にする扁桃《へんとう》の力は、感情が合理的思考に打ち勝つもととなるものですが、それは人類が生き残っていくうえで有用な価値を持っていました。仮に私たちが、危機的状況に際して安全を確保する前にいったん立ち止まり考えなければならなかったら、先史時代を生き長らえることはできなかったでしょう。扁桃《へんとう》は危険を知らせ、適切に反応できるように私たちを動かし続けてきたのです。

しかしながら問題なのは、扁桃《へんとう》の反応が、しばしば神経の記憶に保存されている過去の廃れてしまった教訓に基づいているということです。扁桃《へんとう》は、まず現在の体験をスキャンし、それから過去の感情に関する履歴一覧を検索して警戒すべきものが記録されていないかどうかを照会するという「パターン合わせ」のプロセスに基づく査定方法を取ります。もし過去の体験のなかに同じパターンのものを見つけた場合は、たとえそれが遠い過去のものであっても、当時の体験と同じように反応するよううながしてしまうのです。

つまり、脳はなにか悪いことが起こりそうかどうかを過去の体験に基づいて予測し、体が同じ反応を示すのです。こうしたプロセスは、なぜ、恐れる理由などないにもかかわらず、私たちがある状況においてときどき恐れの反応を示してしまうのかを端的に説明しています。たとえば、私の友人は20代前半のころ、車の事故で危うく命を落としかけました。車間距離をあまり取らずに、前の車について運転していたところ、その車が道を曲がろうと突然停車したのです。子どもたちがたくさん乗っていたその車に衝突するのを避けようと、友人は反射的にハンドルを右にきり、電話ボックスに突っ込みました。幸い命を落とすことなく、こうして当時の話をすることができています。しかし、事故から25年経った今も、運転していて前方の車と接近しすぎると、必ず彼女は不安で落ち着かなくなってしまうのです。これと同じことが私たちの感情についても起こります。幼少期のネガティブな感情的体験のせいで、なにも恐れることがないのに、感情に近づくと扁桃《へんとう》がパニックを起こし続けてしまうのです。

しかし、こんな状況をずっと続ける必要はありません。自分の感情に対してもっと友好的に反応できるよう、扁桃《へんとう》を「再プログラム」すればよいのです。最終的には別の反応パターンを作り出すことができるのです。自分の感情について建設的な体験を繰り返すことで、やがてそれが予期可能な当たり前のものとなり、感情とのポジティブな関係を築くことができるのです。そうすることによって、感情はもはや自分を脅かすものではなく、よいものであるとみなす扁桃《へんとう》の新しい枠組みを確立することができるのです。それはかつてデール・カーネギーが述べた次のような言葉に似ています。「自分が恐れることをやり、それをやり続けなさい……それこそが我々が知る限りもっとも早く確実に恐怖を克服する方法なのだから」（Carnegie, 2008）

言うは易し、と思われるかもしれません。その気持ちはよく分かります。恐れを打ち消し完全に自分の感情を受け入れることは、とくに長年それを避けてきた今となってはそんなにたやすいことでは**ありません**。これは私たちの防衛戦略のひとつの大きな代償です。恐怖反応を消すことができるような、自分の感情に関する建設的な体験を持つ機会を私たちは防衛によって奪われてしまったのです。

幸い、身構えてひたすら恐怖に耐えながら突き進む必要はありません。そうすれば自分の感情に向き合う方法が見つかるというわけではないのです。そうではなく、感情的体験を受け入れる過程で圧倒されることのないよう、自らの不快感をもっと対処可能なレベルに軽減することを学ぶのです。新たに再び感情を十分に感じられるようになるまで、それに向かって一歩ずつ徐々に進んでいけばよいのです。

感情的体験を受け入れる、というのはひとつのプロセスです。それは一晩でできるようになるものではありません。しかし練習と自覚をもってすれば、恐怖を鎮め、体を落ち着かせ、自分の真の感情とつながることができるようになります。本章では、ここから先、自分の感情に近づこうとする際に神経を落ち着かせるのに役立つ以下のような方法を紹介していきたいと思います。

1．感情の種類を明らかにして名前をつけること。
2．体験を意識的に追跡《トラッキング》すること。
3．深呼吸。
4．ポジティブな視覚化《ビジュアリゼーション》。

こうした方法を練習していくことで、あなたの不安も軽減され、自分の感情に向き合い、感情を感じる余地《スペース》を作ることができるようになるでしょう。

感情の名前づけをしよう

もうじき離婚が成立する妻との短い会話を終え、フランクは電話を切った。茫然として頭が混乱し、どうしてよいか分からなかった。たった今、妻がその週末にふたりの家を不動産屋のリストに載せたと告げてきたのだ。ふたりが10年間一緒に住んだ家、その家が一週間後に売りに出されてしまう。家の件については2日前にちらっと話しただけで、まだまだ結論を出すまでには至っていなかった。少なくともフランクはそう思っていた。**家を売ってもいいとは一度も言った覚えはない**、と隣の部屋に歩いて行きながらフランクは思った。心の奥深く意識していないところで、怒りを感じ始めていた。毅然として立ち上がり「よくもそんな勝手なことをしてくれたな！」と言ってやりたい気持ちもあったが、彼の頭のなかはすでに不安と心配でいっぱいで、それが表に出てくることはなかった。取り乱した彼は家のなかを何時間もウロウロしながら、電話での会話を頭のなかで反芻していた。寝つくこともできず、あれこれ考えが浮かんでは消え、感情が内面で渦巻いていた。結局その日は一晩中よく眠れずに、翌朝は寝不足でかすんだ眼と疲れ切った体で一日を乗り切れるか疑わしく思いながら出勤したのだった。

†

もし、フランクが自分の感じていることを認識し、明らかにできていたら、その晩はずっと違ったものになっていたはずです。電話を切ったあと、どこかの時点で一度自分の感情的体験に耳をすまし、自分のなかにある怒りに気づいてそのように認めて名づけていれば、彼の状態はもっとずっとましなものになっていたでしょう。自分の感情に対し、ありのままにただ名前をつけるという行為は、実は不安を制御する強力な方法なのです。

そんなうまい話は信じられないというのであれば、次のような状況を思い浮かべてください。小さな子どもが教室の自分の席で手を振りながら身をよじらせ、先生に気づいてもらおうとしています。彼はエネルギーにあふれ、じっとしていられません。先生が自分を指してくれるまで落ち着くことができません。ようやく先生が「ティミー、なにか言いたいことがあるの？」と聞きます。突然、彼は自分の姿を認識してもらったと感じます。さらに先生が彼の話によく耳を傾けてくれたなら、彼は自分を認めてもらえたと感じ、満足感を得て席に着くでしょう。

感情もその子どもと似ています。それは気づいて認識してもらい、特定してもらう必要があるのです。ひとたびそれらの感情に意識を向け、認識し、そのように名づけさえすれば、それ以上こちらの気をひこうと競うこともなくなることが多いのです。そして、そうした感情が引き起こしていた動揺《パニック》も鎮まり、心も落ち着いてくるのです。もしフランクが自分のなかの怒りに気づき、受け入れることができていたら、おそらく彼のなかでなにかが変わり、安堵感が生まれ、今後の自分の選択肢についてまた違った視点から眺めることができていたかもしれません。

生理学的に見て、自分の感情に単純に名前をつけるという行為は、実際に扁桃《へんとう》を落ち着かせます。ＵＣＬＡ

の心理学者であるマシュー・リーバーマンとそのチームによる最近の研究では、感情を名づけることで恐怖反応が抑えられ、よって精神的苦痛が和らぐことが確認されました（Lieberman et al., 2007）。それが怒り、悲しみ、不安や恐れ、幸福、愛、罪悪感、恥といった感情であろうと、ただ漠然とした感情であろうと、感情を認めて名づけることで自分の神経系統を制御し、コントロールすることが可能になるのです。

名前なんてどうでもいい？

第3章で見た基本感情について覚えているでしょうか？

怒り　悲しみ　幸福
愛　恐れ　罪悪感・恥

これら6つの主要な感情を自覚していると、自分の感じていることを特定しやすくなります。どんな感情が湧いてきているのかよく分からない場合は、このリストから探し出せばよいのです。

身体で感じられることにただ注意するだけで、簡単に自分の感情を明確化し、名前をつけられるときもあれば、自分の感じていることがそこまではっきりしない場合もあります。自分の感情的体験がすぐに明らかにならないときは、これらの基本感情をひとつずつ吟味することがとても役に立ちます。

ときには、複数の感情を同時に感じる場合もあります。それらは、ぐちゃぐちゃに混ざり合って一度にやってくるため、ひも解いてやる必要があります。たとえば、私のあるクライアントは、パートナーとの口論のあと、ないまぜになった複雑な感情を抱えている自分に気づきました。私と一緒にこの感情をひも解くにつれて、彼は、自分が怒り、悲しみ、愛情、そして不安を感じていることを認めることができました。彼の怒りと悲しみと愛情は、パートナーとの軋轢という観点からするともっともな反応でしたが、不安はむしろ感情全般への不快感からくるものでした。これらの各感情を明らかにして名づけることで、彼は自分の体験を理解し、抱いていた不安感も軽減することができたのです。

感情に名前をつけるという一連の作業において、ひとつすばらしいのは、私たちが自分たちの感情的体験に対してオープンでいられれば、すぐにフィードバックを得られるということです。それはちょうど、オンラインのテストや調査などで、回答を入力して送信すると「正解！」や「はずれ！」の文字が画面にパッと現れるのと似ています。感情を名づける場合も同じことが言えるのです。名前がしっくり当てはまらないときは、私たちの感情的なエネルギーは変化しないため、的中していないということが分かります。しかし当てはまった場合は、パズルのピースがピタッと簡単にはまるように、それを感じることができるのです。体のなかでエネルギーが変化するのを感じ、安堵感に包まれ、そして不安感も少し収まります。もちろん、これらはすべて自らの感情とつながる私たちの能力にかかっています。

ではここで、フランクが妻との会話のあとに、もし自分の感じていることを識別し、名づけようと試みていたら、いったいどうなっていたかを見てみましょう。

†

フランクは、茫然として電話を切る。彼は、妻からの知らせを受け止めようと、しばらくそこに立ち尽くす。それから突然、家のなかをウロウロし始める。数分経って、彼は自分のしていることに気づく。自分が電話を切ってからずっとウロウロし続けていることに気づいて、彼は、**こんなに神経が高ぶっている、自分になにが起こりつつあるんだろう？**と考える。彼はソファに腰かけると、自分の内面に集中する。心臓の鼓動が早まり、自分が動揺しているのに気づく。**僕は不安なのだろうか？** 彼は思って、気を落ち着かせようとする。**ああ、それも一部あるな、**と認めたものの、フランクはそれ以上に、もっとなにかあると感じる。彼は自分の内面に再び集中し、そして自分が当たり散らしたい衝動を感じていることに気づく。**僕は怒っている、**心のなかでそう言うと、体のなかのエネルギーが変化し、さらに気持ちがクリアになる。**怒って当然だ、僕に相談もせずに家を売りに出すなんて権利は妻にはないんだ！** と彼は思う。そしてしばらくその場に腰掛けたまま、フランクは自分の感情のエネルギーとつながろうとする。

†

ここに紹介する「感情を名づける方法」を用いて、あなたも自分の感じていることを明らかにして、名づけてみましょう。

感情を名づける方法

不安感や不快感を感じているときは、下記のステップを踏んでみましょう。

1. 自分がなにか感情を抱いているかもしれないと気づく。
2. 意識を内面に向けて身体で感じられることに集中し、その瞬間に意識をとどめる。
3. 自分の感じていること（怒り、悲しみ、幸せ、愛情、恐れ、罪悪感・恥など）を特定して名づける。感情が明らかでない場合は、しばらくそのままにしておき、感情とそれを取り巻く感覚に耳をすます。
4. 名前が当てはまるかどうか、名前と感覚がぴったり収まるかどうかを確かめる。

5．正確に自分の感情を言い当てることができたとき、自分の体のなかでエネルギーが変化するのに気づくだろう。この新たな気づきをしばらくただ見つめてみよう。

簡潔に伝えること

感情を名づけることを、そう難しく考える必要はありません。多くの言葉は必要ないのです。実際のところ、ほんの少しの言葉で充分なのです。たとえば、**私は悲しい、私は怒っている、私は幸せだ**、といったような短い言葉のなかには多くの情報が詰まっています。これらの言葉はみな、感情的体験を明瞭に表しており、あなたに起こっていることについて疑う余地《スペース》はありません。これ以上の詳細な説明や理由は、単に感情を名づけるというよりも、むしろ、感情に**ついて**語ったり考えたりさせるものなのです。たとえば、「自分の人生はぐちゃぐちゃな気がする」と思っていたとします。たとえ、この主張がまっとうなものであったとしても、ここでは自分の気持ちについてなにも語られていません。それもそのはずです。これは**考え・思考**であって、**感情**ではないのです。そうではなく、「自分の人生がぐちゃぐちゃであることに対して、私は怒り（または失望、悲しみ）を感じる」というべきなのです。

感情と思考を混同してしまうことはよくあります。本当は自分の考えについて話しているのに、感情的な体験について話していると勘違いしてしまうのです。これでは確実に自分の真の感情から離れ、思考にとらわれてしまいます。それはまた、感情が私たちの意識を向けさせようとする際に引き起こすエネルギーを消すのにもほとんど役に立ちません。感情は表面下でくすぶり続け、不安は消えないのです。

自分の感じていることを明らかにしようとする際に、**～だと感じる、～のように感じる**というような言い方をすると、結局は気持ちというより意見・判断・思考を表現することになってしまいます。たとえば、あなたが

「この状況はとても不公平だと感じる」とか「ベストを尽くしたと感じる」などと言うのであれば、それは自分の気持ちについてなにひとつ語ったことにはなりません。ただ、自分の考えを述べているのです。状況がとても不公平であることに対して、どう**感じる**のか？　怒りか、悲しみか、罪悪感か？　自分がうまくやったことに対して、どう**感じる**のか？　幸せ、興奮、それとも安堵感か？　これらの単純な形容詞は自分の身体上で感じられる体験を言い表し、またそれによって、あなたの感じている気持ちを言い表すのです。

自分の感じていることを明らかにして表現しようとするときは、使う言葉に注意するとよいでしょう。使う言葉は、2、3語（**怖いと感じる**、**恥ずかしいと感じる**、**興奮を感じる**、など）にとどめ、基本感情とそのバリエーションから外れないようにすれば、つい思考を説明してしまうことを防げるでしょう。感情的体験に寄り添う代わりに、考えていることにフォーカスしがちであることにも、自分で気づくかもしれません。あなたも私のクライアントの多くと同様に、思考を感情と勘違いしてしまってもそれに気づき、再び焦点を合わせて軌道修正できるようになるでしょう。

思考か感情か

簡単なテストをしてみましょう。仮に、自分がどう感じているかを明らかにしようとするとき、「〜と感じる」という言い方の代わりに「〜と思う」と言い換えても意味が通るならば、あなたは感情ではなく、意見や考えを述べています。たとえば、「私は不当に扱われたと**感じる**」という文は、「私は不当に扱われたと**思う**」とも言い換えることができます。これらの文はどちらも見方・意見を述べているのです。どちらも、不当に扱われたことに対する自分の気持ちについては触れられていません。このように、「〜だと」感じるとか「〜のように」感じるという言い方を避けて簡潔に伝えれば、もっと感情を言い当てやすくなるのです。

気持ちがはっきりしないとき

感情があまり明確でないときもあります。ときにそれは、水面下でなにかが起こっているという曖昧な感覚としてやってきます。たとえばフランクは、妻がふたりの家を売りに出したことに対する怒りに加え、おそらく自分ではまだはっきりと自覚していない喪失感や嘆きといった悲しみの感情を抱いていたと思われます。彼は、なにか内面にじわじわと浸透していく感情的なものには気づいたかもしれませんが、こうした他の感情を明らかにはできていません。こういったときは、**自分はなにか感じている**と感情の存在をただ認めることによって、不安を軽くすることができます。目の前に開かれた発見への入り口を通り抜けて追究する用意があると、自分のシステムにメッセージを送る様子が想像できるでしょう。自分が感じていることを知りたいと自分自身に知らせることは、どこか自分の感情を浮かび上がらせ正体を明らかにする力があるのです。

一方で、諦めたり、どうでもいいと口にしたり、なにかを感じている可能性を却下したりして、気づきへの可能性を閉ざしてしまったら、本来起こるべきプロセスを阻害してしまうことになります。私たちの感情的なエネルギーは内面へと後退し、その結果、私たちは苦痛を感じることとなってしまうのです。まるで、クラスで認められようとしていた子どものように。

心が開かれた状態にし、曖昧な感情が自然に明確になるのをうながすためには、ここに紹介する「心を開いておく方法」を用いることができます。

心を開いておく方法

自分が感じていることを特定できない場合は、以下のような手順を踏んでみましょう。

1. 自分がなにかを感じているということを自ら認識する。
2. それを明らかにする意志があると自分に言い聞かせる。心のなかで以下のように唱えてみよう。
自分が感じていることを私は知りたい。
私にはそれを明らかにする意志がある。
なにが起きるか見守ろう。
3. 自分の感情に関するレーダーのスイッチをオンにしておき、答えがやってきたときに受け取れるようにしておこう。

意識的に追跡《トラッキング》すること

フランクは、離婚によるストレスが手に負えなくなって私のところへやってきました。きまり悪そうに彼は、自分が感情的に打ち解けることが難しかったことが、結婚生活における問題のひとつであったことを打ち明けました。フランクは自分の行動や判断などについて後悔することがよくあり、くよくよ頭で考えて自分の気持ちを退け、それを正当化していました。自分のなかで起こっていることを確認する術《すべ》もなく、途方に暮れることがよくありました。妻には「感情的によそよそしい」と言われ、自分と心を通わせようともしなくなったことを彼は苦しそうに明かしました。実際には、フランクに感情がないわけではありませんでした。ただ、感情を抱くことがとても不安で、どうやって感情に寄り添ったり、うまく活用したりできるのかが分からなかっただけだったのです。

フランクは、私との作業を通じてより自分の感情を自覚するようになり、自らの感情的体験をどのように避けたり邪魔したりしてきたのかを理解しました。自分の感情を識別して名づけたり、呼吸に集中したりすることで、フランクは以前よりもうまく不安をコントロールできるようになりました。また一方で、不安から生じる身体的体験に注意を向けることも役に立ちました。最初、フランクにはこのやり方が一見逆効果のように思われました。**自分の不安に注意を向けたりして、いったいどうやって気分が改善するというんだろう？** と彼は信じられない様子でした。**そんなことをしたら気分を悪化させるだけではないのか？** と。私はフランクに、不安を認めて受け入れるとその強度が弱まるのだと説明しました。身体上に表れる不安の兆候を意識的に「**追跡《トラッキング》して表現する**」ことで、自らの感情的体験を制御し、そこから少し距離を置くことができるのです。実際にやってみたところ、不安による身体的体験をただ説明するだけで驚くほど自分の苦痛が軽減されることが分かり、フランクの疑念も徐々に消えていきました。

怖いと感じているとき、私たちは恐怖に取りつかれて圧倒されてしまい、それをどうすることもできなくなってしまう危険性があります。客観的な視点から自分に起きていることを説明することは、そうした不快感から少し離れ、自分の体験に対するコントロールを取り戻すのに役立つのです。

暗いステージの上で、頭上から降り注ぐスポットライトのまぶしい光の輪のなかに立っているところを想像してみてください。輪のなかに立っているあなたには、降り注ぐ光で、ものがよく見えません。しかし、輪の外へ一歩出れば、光のなかをもっとよく見ることができるでしょう。目がくらむことなく、それを観察し描写することができます。自分の感情的体験をじっくりと見つめることができたとき、これと同じことが起こるのです。脇によけてその瞬間に起こっていることをより正確に見極め、圧倒されるのを防ぐことができるのです。

私たちが心を開いて自分の感情を探ろうとするとき、観察をするように言葉にすると不安を軽くするのに役立ちます。たとえば、自分の苦痛を観察かつ調節するために、フランクが自分の体験を意識的に追跡《トラッキング》しようとします。仮に彼の頭のなかの声を聞くことができたなら、次のような声が聞こえてくるかもしれません。**少し心がざわついてきたようだ。いや、もっとか。心臓の鼓動の早まりも胸に感じられる。呼吸もちょっと浅く、苦しくなっているようだ。なにかが胸につっかかっているような感じがする。なにか重いものが。でもそう言ってるうちに、ちょっと和らいでそこまで激しくなくなったな。ちょっと息も楽になってきた。そして……。**

お分かりのように、フランクはただ自分のなかに起こっていることを言葉にしているだけです。彼はそれに対して判断を下したり、解き明かそうとしたり、止めようとしたりしているわけではありません。ただ単に自らの体験を観察し、言葉に置き換えることで、効果的に不安感を軽減し、自分の体験をある程度コントロールしているのです。あなたも「意識的に追跡《トラッキング》する方法」を用いて、自分の感情を探求しようとする際には不安をうまくコントロールしてみましょう。

マインドフルな追跡《トラッキング》の方法

自分が不安や恐れを感じていることに気づいたら、次のステップを踏んでみましょう。

1. 体で感じていることにじっと集中する（歯を食いしばる、胸が締めつけられる感じがする、手がうずく、心臓がドキドキする、息苦しい、など）。
2. 疑問を投げかけたり判断を下すことなく、体で感じていることをありのままに意識してそれを描写する。「今感じられることは……」という出だしに続けて言い表してみる。
3. 感覚に意識を向けたとき、それがどう変化するか（あるいはしないか）に気づく。
4. 不安や恐れが少し収まるまで、そのまま体で感じられることを追跡《トラッキング》し描写する作業を続ける。それでも不安感が収まらない場合は、本章の別のエクササイズを試すとよい。

5．気持ちが充分落ち着いたら、しばらくその気持ちの変化を見つめ、確認してみよう。

一息つく

ビッキーが私のところへやってきたのは、人生で困難に直面しているときでした。彼女は、大学進学のために家を出ようとしていた長女との関係がうまくいかずに悩んでいました。それまでふたりはとても近しい関係だったのに、大学への出発日が近づくにつれ、長女はビッキーを避けているようでした。ビッキーのなかではいろいろな感情がないまぜになっていっぱいでした。長女との間に感じる距離感、また、ふたりの間の物理的・心理的な親密さが失われてしまうことを悲しく感じていました。ときに理不尽な態度をとる娘に対して、怒りも感じ、また、こうした感情を抱くことへの葛藤も感じていました。彼女は娘との残されたわずかな時間をただ楽しみたかっただけだったのに。

自分の感情的体験を充分に認め、受け入れることがビッキーには難しかったのです。今どう感じているのか私が尋ねると、たいてい緊張して不安で落ち着かなくなるのでした。実際、自分の感情に近づくと、彼女は一瞬息を詰めているようでした。まるで、呼吸を止めると感情の栓が自動的に閉まり、そしてしばらくそのまま息を潜めていれば、感情は消えていくだろうとでもいうように。この点について本人に指摘すると、彼女は驚きつつもその通りだと認めました。私は、こうした反応は感情が表面化しそうになると体がこわばるという恐怖の身体的証拠であり、深くゆっくりと呼吸することに意識を向けることで、この反応を制御することができると説明しました。実際ビッキーが息を止めずに呼吸し続けると、彼女の体験にすぐに変化が表れました。そして、徐々に不安も軽減し、もっと自分の感情に対して心を開いて寄り添おうとするようになったのです。

ビッキーのように、息を止めて呼吸を制限しようとする傾向は珍しいことではありません。こうしたケースはよく目にします。自分の感情について不安になりだすと、呼吸の仕方が変わるのです。息を詰めたり、あるいは呼吸が浅く、速くなったり。これは、自分が恐れているものに対する自然な反応なのです。それより注目すべきなのは、こうした変化が起こっていることに自分でも気づいていないことがいかに多いか、ということです。自分たちの感情に対する自動的な反応となってしまっているのです。

自分の呼吸に意識を払っている人はほとんどいませんが、本来は意識するべきなのです。呼吸の仕方は、自分の感情の状態を反映するだけでなく、その一因《いちいん》となるものだからです。たとえば私は、自分の呼吸に対する意識が高まるにつれ、不安やストレスを感じると、それがどう変化するかに気づきました。呼吸が浅くなり、胸が苦しくなるのです。この不安に対する反応に意識を向けずにいたら、不安が増すことによってさらに呼吸は苦しくなり、また呼吸が浅く胸が苦しくなることによってさらに不安がひどくなるという悪循環に陥ってしまうでしょう。こうしたことが起こったときに心を落ち着かせる簡単な方法として、腹式呼吸に集中するとよいということが私には分かりました。こうすると、かなりの不安が軽減し、比較的短時間のうちに気分が楽になるのです。

いったい、なぜ呼吸を深めるとこんなに変化が起きるのでしょうか？　その答えは、自分の置かれた環境の変化に適応するのを助ける役割を持つ自律神経系にあります。なんらかの理由で自分が脅かされたと感じたときは、交感神経系統が働き、戦うか逃げるかの態勢を取ります。鼓動や血圧が高まり、筋肉がこわばり、呼吸が早まって浅くなるのです。一方、副交感神経系統はこの反応を鎮めてリラックスさせます。深呼吸は、この副交感神経系統を刺激し、恐怖への反応が作動するのを覆すもっとも手っ取り早い方法なのです。実際、呼吸を意識しながらゆっくり息を吐くことで、恐怖を感じる中心部である扁桃《へんとう》の活動を抑えることができるとの研究結果がありま す（Austin, 1999）。さらに、深い腹式呼吸は、全体的に気持ちを鎮めて楽になるのを助け、深くリラックスした状態にし、そして精神科医のヘンリー・エモンスが自著『The Chemistry of Joy』のなかで指摘しているように、脳内化学物質に対して「すばらしい効果」をもたらすのです（Emmons, 2005）。私たちにとってよいということは明白でしょう！

　自分の感情に触れることで不安や恐れにとらわれそうになったときは、以下の呼吸法を試してみてください。自分の体がこわばってきているのに気づいたら、呼吸を深め、リラックスすることに意識を集中してみましょう。すぐに心を落ち着かせられるようになる訓練にもなるので、毎日数分ずつ腹式呼吸を練習してみるのもよいでしょう。

呼吸法

不安や恐れを感じるときは、次のステップを踏んでみましょう。
1. 体のこわばっているところに意識を集中する。
2. あばら骨のすぐ下の腹部に手をあてる。
3. 鼻からゆっくりとお腹のなかへ息を吸い込む。これが正しくできているときは、お腹にあてがった手が持ち上がるのが分かるだろう。
4. 完全に息を吸い込んだら、少しの間止め、そして体から自然にゆっくりと吐き出す。
5. 呼吸に集中し、自然に深めていきながら、このプロセスを何度か繰り返す。充分にリラックスした状態で、自分の身体的・感情的体験に集中し続けられるようにしてみよう。

ポジティブなことを考える

ある寒い冬の日、サンルームのソファに腰掛けて、私は今この章を書いています。私の足元には、世界のどの犬よりもかわいらしいと私が信じて疑わない2匹の小さな愛犬、ケアーン・テリアのメイジーとノーリッチ・テリアのラスティーが座っています（親ばかなのは充分承知です）。この子たちをしばらく眺めているだけで、私の心は温まり、彼らへの愛情で満たされます。たくさんの愛と笑いを、我が家、そして人生にもたらしてくれるなんともすばらしい2匹なのです。私の仕事部屋のデスクの上には彼らの写真が飾ってあるのですが、せわしなく働いているときにこの写真を見やると、いつも同じ温かい気持ちが湧いてきます。気が張り詰めたりストレスを感じたりしているときは、彼らの大きな茶色い瞳を見やるだけで、まるで魂に鎮静クリームを塗るかのように、たちまち気持ちが和らぐのです。

心的イメージとそこから生じる感情によって、私たちの心の状態は影響を受けます。それが愛すべきペットや大好きな人たちと過ごす幸せな時間を思い描くことであっても、夢のようなバケーションを過ごしているところを想像することであっても、そうしたポジティブなイメージは喜びや楽しみに満ちた感情的体験を引き起こします。それらはまた、不安も和らげてくれます。スウェーデンの神経内分泌学者カースチン・ウブナス＝モバーグの研究によると、愛する人のポジティブな心的イメージを頭に思い浮かべると、オキシトシンが分泌されます（Uvnas-Moberg, 1998）。オキシトシンは、ストレスホルモンの分泌を減らし、扁桃《へんとう》が活発になるのを抑える脳内化学物質です（Kirsch et al., 2005）。つまり、ポジティブな心的イメージに意識を向けることで、心を落ち着かせることができ、よって恐れを和らげる強力なツールになることができるのです。

近年、ポジティブ心理学の分野では、ポジティブな感情（幸せ感、愛、満足感、感謝など）が全般的なウエルビーイング（幸福で健康な状態）に及ぼす影響についての研究が始まっています。心理学分野において、こうした研究領域は歓迎すべき進展と言えるでしょう。これまであまりにも長い間、私たちの主な関心は気分を悪化させる要因についての理解や対処に集中してきました。しかし気分をよくする要因についても理解すべきなのは明らかでしょう。精神的・身体的健康においてポジティブな感情がどれだけ重要なものかは、最近徐々に理解されつつあります。たとえば、ポジティブな感情は気分を明るくするだけでなく、回復力、直感、創造力を伸ばし、実に寿命も延ばすのです（Fredrickson & Losada, 2005）。

ポジティブな感情はまた、困難な状況に対処するのにも役立ちます。とくに、不安や恐れへの効果的な対抗手段となることができます。ミシガン大学の心理学者バーバラ・フレデリクソンの研究によれば、ささやかな喜びや満足感といったポジティブな感情を感じることで、ネガティブな感情による生理学的影響を低下させる効果があるといいます（Fredrickson, 2005）。たとえば、怖いときには鼓動が早まりますが、ポジティブな感情を喚起するようなにかを思い浮かべることで、それを落ち着かせることができるのです。こうしたプロセスは、ポジティブな気持ちを喚起するような人や物を思い描くことから、視覚化《ビジュアリゼーション》として知られます。

視覚化《ビジュアリゼーション》は、自分の感情と打ち解けようとする際に感じる不安をうまくコントロールするのに役立ちます。ポジティブなイメージを頭に思い浮かべ、それらが引き起こす明るい感情と通じ合うことで、効果的に恐れを抑えることができるのです。ただし、ポジティブなイメージを連想するのに、不安を感じるまで待つ必要はありません。

感情を喚起するようなイメージを集めた「写真アルバム」を自分のなかに持っておくと、必要なときにすぐ参照できて視覚化《ビジュアリゼーション》が容易になります。優しさ・愛・思いやり・歓びなどのポジティブな感情と結びつきやすく、気持ちが上向いて心の状態が変化するようなもの、そんな効き目のありそうなイメージを見つけてみましょう。友達と過ごした楽しいときを思い出してみたり、優しく抱きしめられているところを想像してみたり、暖かく静かで穏やかな場所にいる自分を思い描いてみてもよいでしょう。恐れを抱くあなたに対して手を差し伸べてくれる人たちを視覚化《ビジュアリゼーション》することで、愛と支えの存在を感じてみることもできます。または、自分への思いやりを持とうとするのもよいでしょう。たとえば、大人である自分が自分のなかにいる怯えている子どもの自分を慰め、これ以上怖い思いをしなくてよいように、その子が必要なものを与え、そして共感と愛を感じている姿を想像することもできるでしょう。

自分に合った方法を見つけるのにはちょっと時間がかかるかもしれません。だからこそ、実際に不安に襲われる前に、視覚化《ビジュアリゼーション》を試してみたほうがよいのです。仮に、イメージやポジティブな感情がすぐに浮かばなかったとしても、心配したりイライラしたりすることはありません。本章で取り上げた不安を制御する他のテクニックと同様、視覚化《ビジュアリゼーション》は習得可能なスキルなのです。ある程度の時間と少しの努力が必要なだけです。練習すれば、視覚化《ビジュアリゼーション》によってポジティブな感情を生み出し、恐れを中和する方法を身につけることができます。苦痛を和らげるために、「ポジティブイメージ法」を試してみましょう。

ポジティブイメージ法

不安や恐れを自分のなかに感じたら、次のステップを踏んでみましょう。

1. 自分のなかの不快感を認める。
2. ポジティブな感情を喚起するようなイメージ、思い出、状況を思い起こす。
3. 深く呼吸をしながらそれに意識を集中させる。
4. ポジティブな感情が自分に押し寄せ、抱えている不安や恐れを中和する様子を想像する。
5. 不安や恐れが十分に消えたら、自分が感じていることをしばらくの間ただ見つめ、認めてみよう。

ハートに注目しよう

最後にもうひとつだけ、恐怖を鎮めるのに役立つ方法を教えましょう。

神経科学者のスティーブ・W・ポージスは、ストレスに対抗して神経を落ち着かせる非常に簡単な方法がありそうだと提案しています（Porges, 2006）。この方法のカギとなるのは、副交感神経の主要な経路である迷走神経です。迷走神経は脳幹から派生していて、心臓・肺・腸など体の様々な部位に信号を送ります。また、心拍や呼吸の制御にも大いに関わりがあります。

迷走神経が活性化すると、恐怖反応が鎮まります。心拍が遅くなり、血圧が下がり、全般的にリラックスした状態を作り出します。ただ心臓の位置にある胸の中心に手を置くだけで、迷走神経が刺激され、心臓のリズムを鎮めることができるのです。この方法は、深呼吸と視覚化《ビジュアリゼーション》と併せて行うととくに効果的かもしれません。自分の感情に心を開こうとする際に直面するどんな不安にもうまく対処できるよう、「ハートのツール」を用いてみましょう。

ハートのツール

不安や恐れを抱いているとき、次のステップを踏んでみましょう。

1. 片方の手を胸の真ん中の心臓の上にあてがい、お腹から深く呼吸する。
2. 安らぎや喜びを感じるような瞬間を思い浮かべ、体の隅々までエネルギーを感じられるまで、そのイメージを頭のなかで膨らませる。
3. 気持ちがリラックスしたら、この新しい状態をしばらくただ観察し、確かめてみよう。

次はあなたの番だ

私自身、恐れを鎮めようと努力するなかで、本章で紹介した方法をひとつ残らず試してとても役に立ちました。

私のクライアントにも日々教えていますが、彼らもそれらを活用し大きな成果をあげています。自分の恐れから逃げずにそれらに向き合い、また苦痛を和らげるような方法で対処することができるようになってくると、より自らコントロールしているという感覚が生まれ、また感情的に内面でなにが起こっているのかを見ることができるようになってくるのです。あなたも自分の感情と打ち解けようとする際は、ぜひこのツールキットを活用してみてください。

本章で述べたテクニックは、練習によって身につけることができるスキルだということを念頭に置くことが大切です。自分の感情に近づき、不安や恐れを感じだしたときに使うべきものではありますが、可能な限り練習しておくことをおすすめします。体の調子を整え健康でいるためのエクササイズのようなものだと考えてください。違うのはただ、ここで鍛えているのが不安を制御する筋肉であるということです。練習を重ねるたび、あなたは自分の苦痛にうまく対処し、恐れを制御する能力を磨いているのです。練習を重ねるたび、どんどん上達していくのです。そして、このように自分の感情に応じることで、あなたは自分の感情に対する脳の反応を変化させているのです。感情に対して恐れをもって応じるのではなく、恐れるに値しない対処可能なものとして理解できるようになるのです。

ところで、ひとつ知っておいてほしいのは、あなたの不安をすべて取り除けるとは限らないということです。それで構わないのです。不安というのは、自分のなかでなにか注意すべきことが起こっていることを知らせてくれる便利な信号なのだということを覚えておきましょう。こうした意味では、不安はあなたの友達なのです。それは、あなたにとって必要な情報なのですから。さらに言えば、多少の不安は現状に甘んじないためにも悪いことではありません。本当に手に入れたい人生に向かって、やる気を持って突き進んでいくためには必要なものなのです。そうは言っても、あなたの行く手を遮るような過剰な不安や恐れはよくありません。あなたがうまく対処できるようにしなければならないのは、この手の強い不安です。あなたの主な目標は、自分の感情にオープンでいられるように、自分の不快感を対処可能なレベルまで軽減できるようにすることです。本章で扱った方策《ストラテジー》は、まさにそれを手助けするものです。それぞれのやり方を試して、自分に一番あった方法を見つけてみましょう。

【本章のキーポイント】

- 不安や恐れは、自分の感情により近づいていることを教えてくれる便利なサインと言える。
- 感情で圧倒されてしまわないように、私たちは不快感を対処可能なレベルまで軽減することができる。
- 感情を明らかにし、それを名づけるだけで、不安感は軽減する。
- 不安・恐れの身体的兆候を追跡《トラッキング》・表現することで、感情的体験を制御することができる。
- 腹式呼吸は副交感神経系を刺激し、恐怖反応を鎮める。
- 視覚化《ビジュアリゼーション》とそれが引き起こすポジティブな感情は、不安や恐れへの対抗手段として働く。
- 心臓部に手を置くと、神経系を落ち着かせる迷走神経が刺激される。
- 一連の方策《ストラテジー》を練習することによって、強い不安にうまく対処したり恐怖をコントロールしたりする能力を伸ばすことができる。

第6章　ステップ3——感じきる

私は嵐を恐れない。航海の仕方を学んでいるから。
——ルイーザ・メイ・オルコット

ブライアンは30代半ばで教師をしていました。彼は、先週末に両親との間にぎくしゃくとした出来事があり、そのせいで疎外感を感じて放心状態にあることなどを、私に一生懸命話そうとしていました。

「なにが込み上げてきているのかな?」彼が目を潤ませているのに気づいて、私は優しく尋ねました。「今どんな気持ちだろう?」

ブライアンはうつむくと内面に集中しました。静かに座っていましたが、やがて顔を上げて、こちらに向き直ると言いました。「うーん……なんだか怒りと傷ついた気持ちが合わさったような感じかな。うん、そうだ。僕は両親がしたことに傷ついて怒っている。でも、なによりそうした気持ちを外へ吐き出すことのできない自分自身への苛立ちが一番大きい。自分の気持ちは分かっている。そこにあるものは分かっているけど、なにかがそれを阻んでいるんだ。なにかが自分を押しとどめてしまってる」

　ブライアンが私のオフィスを訪れたのは、そもそもそうした苛立ちのせいだということが私には分かっていました。彼はそれを「重くのしかかる」気持ちと表現しましたが、それは感情に対して寛容とは言いがたい家庭で育ったことによる当然の結果でした。興奮や誇り、怒りや悲しみ、幸福感や愛などいかなる感情であれ、ブライアンがそれらを表すとよそよそしく軽くあしらわれ、冷めた反応をもって迎えられることが多かったのです。その結果、彼は自分の感情を信用せずに押さえつけて否定するようになり、そして気持ちも塞いで活力も失ってしまったのです。しかし一緒にこの問題に取り組むにつれ、私には彼が感情的にいきいきとしてくるのが見えました。

　ブライアンは続けました。「たまにランニング中などに、自分がどう感じているかを両親に伝えているところを想像して、頭のなかで会話することがあるんです。まるで自分の気持ちを外に出し始めたかのように。でもランニングを終えるころには、いまだにそうしていない自分に気づく。なにも変わっていない。前と同じ気持ちのまま。**どうせ無意味だ、単なる無駄だ、**と思うんです」

　よくあることですが、ブライアンはその瞬間に自分が抱いている気持ちをただ感じようとするよりも、両親に対して自分が言いたいことについて考えていました。そのことを指摘しようかとも一瞬思いましたが、まずは彼を泣きたい気持ちにさせた原因に立ち戻る必要があると思い直しました。彼の気持ちに立ち返る必要がありました。

「聞いていてつらいよ、ブライアン」私は共感を込めて言いました。「自分を見限ろうとしている。諦めてしまいたいような気分なんだね。そんなふうに感じている君のことを考えると、こちらもつらい気分になるよ」

　ブライアンはうなずきつつも、このストレートな思いやりの言葉をどう受け止めればよいのか分からず、驚いた様子でした。彼はなにか言おうと口を開きかけましたが、言葉は出てきませんでした。それから再び口を開くと、「僕もつらいです。その……ありがとうございます……」と言い、また一瞬沈黙してから続けました。「思うんです、もし自分がただ……」

ブライアンが自分の思考へとそれていってしまう前に、私は彼を制止して聞きました。「ブライアン、今のその気持ちをありのままに見つめたら、自分のなかでどんなことに気づくだろう?」

彼はちょっとの間内面に耳をすますと言いました。「ええと……胸のあたりに……温かさを感じます」彼は横を向いて身じろぎもせず座っていました。それから、まるで自分を振り払い、沸き上がってきた気持ちを乗り越えようとするかのように椅子の上で体を動かすと、まっすぐと座り直しました。

「ブライアン、今自分が感じている気持ちにただ寄り添ってごらん。そこにあるのは、いったいなんだろう?」

「そうですね」彼はなるべく淡々とした口調で、私が示した彼への共感について触れました。「そんなことを言ってくれる人はそう多くない。うれしい言葉です」そう言うと彼は沈黙し、そして首を横に振りました。「両親がなんで僕にそういう言葉をかけてくれないのかが分からない。どうしてふたりはいつも……僕の欠点ばかりあげつらったり、それに……」彼は口をつぐみ、目を閉じました。

「いいんだよ」と私は言いました。「ただ気持ちが湧き上がるままにしてごらん」彼は、純真なまなざしでこちらを見ると言いました。「なんだか小さな子どもになった気分です……。学校で授賞式があった日に、家に帰ってきたときのことを思い出します。僕は賞をいっぱいもらってきたのに、両親はなんの言葉もかけてはくれなかった。それについて、一言も……。思い出すな……僕は、自分の部屋に座って……」

彼は首をたれ、次々と押し寄せる悲しみの波に肩を震わせだしました。私は彼に息を吸い、感情を自分のなかに泳がせ、心の痛みにそのまま寄り添うようながしました。

1、2分が経過すると、悲しみの波は徐々に引いていきました。

嵐がついに去り、水面は今や静まっていました。ブライアンはじっと座りため息をつきました。それから顔を上げてこちらを見ると言いました。「これがまさにずっと僕の足を引っ張っていたものです」
「これからはそんなことないよ、ブライアン」と私は答えました。「これ以上はね」

自然の道理

長い間ずっと抱えこんできた悲しみと苦しみを癒やそうと、ブライアンは自分の感情に寄り添い、感じることにオープンになろうとしていました。私たちが真に自分の感情を感じると、内面にあるエネルギーの源泉が解放されます。この感情のエネルギーが本来あるべきかたちで流れるとき、私たちは自己と完全に一体化し、再生することができるのです。それがつらい気持ちであったとしても、自分の感情を感じることはそれ自体が癒やしとなるのです（Fosha, 2000）。自身の感情体験にオープンになることで、活力と生命力が増し、迷いのなさと意義がもたらされ、より深く豊かな自己の体験と結びつくことができるのです。さらに、それまで避けてきたことや恐れてきたことに向き合い克服することは、私たちに力を与えてくれるのです。

しかし、恐れがそれを遮ってしまうことがあります。感情は、どんなにその瞬間激しく見えたとしても、十分感じられれば長続きしません。そうした単純な事実を、恐れによって自ら見出すことができなくなってしまう可能性があるのです。感情は、海の波のように、初めはさざ波のように現れ、頂点へ向かって急激に高まり、そして消えていきます。あっという間に押し寄せては消えてゆく場合もあれば、消えるまでにしばらく時間がかかることもあります。いくつかの感情の波が次々と押し寄せるときもあれば、ひとつのまとまった波が自然に浮き沈みすることもあります。感情を妨げたり押しやったりするのではなく、それらを認めて寄り添うことで、私たちは感情を受け入れ、乗り切ることができるようになるのです。

感情と向かい合うことを学ぶことは、船のかじ取りの仕方を学ぶのと似ています。あるときは荒波で操るのが難しく、またあるときは水面は静かです。流れが強く激しいときもあるし、もっと穏やかな流れのときもあります。海は予測可能なときもあれば、思いがけず劇的に変化するときもあります。こうした様々な状況のなかを航行してゆくのは怖いかもしれませんが、やればやるほど楽になり、自信もついてゆくでしょう。練習を積むことで、感情という名の船を操縦する技術をマスターすることができるのです。

流れるままに

感情がすでにそこにあって今にも湧き出そうとしているような、まさに感情体験の一歩手前まできたとき、私のクライアントはたいてい立ち止まって私にどうすべきか聞いてきます。未知の海域でどちらの方向へ行けばよいのか分からず、どうやって目的地へ辿り着けるのかが心配なのです。私たちの多くがそうであるように、なんとかして自分で状況をコントロールしたいと思ってしまうのです。

しかし、感情を感じるということにおいて必要なのは、それをコントロールすることやアクションを起こすことではありません。そうではなく、心を開いて感じる余地《スペース》を与え、プロセスが展開してゆけるようにすることなのです。

なによりもまず、自分で自分を妨げないようにしなければなりません。多くの場合、私たちは感情が充分に出現する前にそのプロセスを中断し、感情を止めてしまいます。たとえば、幸せな気持ちになりかけたところで、それに蓋をしてしまう。悲しみを感じだしたら、それをかき消してしまう。または怒りが湧いてくると、そうした反応に疑いの目を向けだす、といった具合です。

ここで再び感情的マインドフルネスが非常に有効になってきます。感情に余地《スペース》を与えてその豊かさを受け入れ、探ってゆくために役立つのです。とくに以下に挙げる感情的マインドフルネスの6つの要素は、私たちが感情を充分に感じようとする際の助けとなるでしょう。

1. 受け入れること。
2. 意識を向けること。
3. ゆとりを持つこと。
4. 身をゆだねること。
5. 感じきること。
6. 振り返ること。

本章ではここから先、あなたが自分の感情に最後まで寄り添えるよう、これらの各要素を培う方法について取り上げます。繰り返し練習することで、あなたも自分の感情体験にうまく対処し、それを活用する能力を磨くことができるでしょう。

仕方のないもの

「大丈夫ですよ」。ブライアンに、前回会ってからどうしていたか聞いたら、そんな返事が返ってきました。「本当に?」彼の言葉を鵜呑みにできず、私は聞きました。「大丈夫そうには見えないけど」

ブライアンは、ここ数日ちょっと無気力であることを認めました。母親と電話で話したのですが、彼に対して上から決めつけるような彼女の態度に、苛ついて落ち着かない気分にさせられたということでした。母親のそうした態度に嫌な思いをさせられることはよくあることでしたが、今回は彼に対してあからさまに侮辱ととれる言葉を吐いたらしいのです。「お母さんの言葉を思い浮かべたとき、彼女に対してどんな気持ちを抱くだろう?」と私は尋ねました。

「まあ、今に始まったことじゃないから」と彼は答えました。「いつも母はこうなんだ。どうしようもない。彼女に変化は期待できないし」

ブライアンは考えるより先に理屈をつけて、自分の気持ちをはっきりさせようとはしませんでした。「それはそうかもしれないね」と私は言いました。「でもそれは、お母さんがそういう態度をとったとき、君がお母さんに対して抱く気持ちについての答えにはなっていないよ」

「まあ、嫌な気分だね」彼はちょっと認めました。

「そりゃそうだろうけど、嫌な気分っていうのは少し曖昧だな。もうちょっと具体的にどんな気持ちか教えてくれないかな?」

「うーん、怒りを感じるかな」

ブライアンは躊躇しているように見えました。私は「確信はないってことかな」と聞きました。

「ええ……いや違う、怒りは感じる。母は本当に憎たらしいときがある」

「怒るのは当然だろうね。もっともだよ」私は言うと、ちょっと間をおいて聞きました。「それはどんな感じがするだろう?」彼が自分の内面にあるものを少しずつ探り出そうとしてくれればと私は期待していました。

ブライアンは私を見ると言いました。「それが一瞬カッとしかけたんだけど、それからなんだか後ろめたい気分になってしまって。きっと母は自分のしていることに気づいてないんだと思う。本人がなにも分かっていないのに、怒るのはあまりフェアじゃない、そうでしょう?」

ありのままを受け入れる

ブライアンは自分に非難の目を向けようとしていました。怒りが湧き出そうというまさにそのときに，彼は自分のそうした反応がとくに自分の母親に対して正当なものなのか疑いだし，それを妨げてしまったのです。

こうしたジレンマは珍しいことではありません。私たちの多くは，愛する人に対してネガティブな感情を抱くことに気まずさを感じます。どういうわけか，そうした感情を許すと，ポジティブな感情がすべて帳消しにされてしまうと思っているのです。しかし，そんなことはありません。複数の感情は同時に存在することができるのです。そして周知の通り，自分を一番怒らせるのは，自分にとってなによりも大切な人々だったりするのです。

ブライアンが自分の感情に向き合い，新たな境地へ達するためには，まず自分が感じていることを**受け入れる**必要がありました。

受け入れることは，マインドフルネスの基本原則のひとつです。それは無条件の態度であり，批判や判断を下したり変えようとしたりすることなく，ありのままに物事を見る方法です。受け入れようとする姿勢を持つことで，感情が生じたときにより充分に感じられるよう自らを自由にすることができるのです。

自分の感情をありのままに見つめ，受け入れようとする意志が必要なのです。怒りを感じるのならば，自分は怒っているのです。悲しみを感じるのならば，自分は悲しいのです。そして，幸せを感じるのならば，自分は幸せなのです。自分が感じることに正誤はなく，ただそうであるというだけなのです。感じていることを受け入れなければ，その気持ちに向き合うこともできず，またそれをどうすることもできません。感情は流れることができず，私たちは行き詰まってしまうことになります。心理学者でヨーク大学の教授であるレスリー・グリーンバーグが言うように，どこか別の場所へ行こうとするのであれば，その前にまずは自分の感情を「行かせて」あげる必要があるのです（Greenberg, 2002）。

感情というのは、天気に似ているところがあります。どんな状況になるのかは選べないし、変えることもできません。太陽を照らしたり、雨を降らせたり、雪を止ませたりすることはできません。しかし、辛抱強く待っていれば、天気は変化するでしょう（とくに天気がころころ変わる、ここミネソタ州ではね！）。天気に抗ったり、寒さについて頭を悩ませたり、雨について不平を言ったりしても、状況をさらに悪くするだけです。天気をそのまま受け入れることができれば、それに対処して前へ進むことができます。感情についても同じことが言えます。自分の感情は選ぶものではないし、それに抗うことで消えるものでもありません。自分の感情を好きである必要はありませんが、ありのままを受け入れ、自由にさせることで、今とは違うもっとよい状況へと向かって、探りながら進んでゆくことができるのです。

自分の感情に対して、つい批判したり評価を下したりしてしまう傾向はなかなか厄介かもしれませんが、受け入れるということが、それに対する強力な対抗手段になりえます。それによって私たちは頭のなかの思考のおしゃべりから解放され、本当の自分に触れることができるのです。それは「言うは易く行うは難し」だと思うかもしれませんが、自分の気持ちに興味を持ち、親しんで受け入れることで、感情の自然な流れが開かれ、変化のプロセスをスタートさせることができるのです。私たちにそれを試みる意志とやる気がありさえすれば。

以下は、自身の感情体験に心を開き、自分の感情をもっと素直に受け入れるための提案です。

受け入れるための練習

・自分の感情を避けたり、それらに葛藤を感じている自分に気づいたら、感情をただありのまま見つめようとしてみよう。

・判断や疑問は脇に置いておき、代わりに自分の感情について知ろうとする訓練をするのだと自覚し

よう。
・自分の感情に葛藤を感じたら、感情というものには正誤はなく、ただそうあるだけだということを思い出そう。そしてそこになにがあるのかを見てみよう。
・体のどこかに抵抗を感じるところがあるかどうか意識をしてみよう。あった場合はそこへ息を吸い込み、エネルギーが開かれて流れるようにしよう。心を開いていられるよう自分を優しく励ましてあげよう。

感情に触れる

ブライアンは、母親への怒りに対して葛藤を感じたことを認めましたが、同時に自分の気持ちを否定してもなんの解決にもならないということも理解できました。実際、そうすることで状況は悪くなる一方でした。彼は不安で行き詰まりを感じていました。やり方を変えなければならないということを彼は認めました。

「恐ろしく思う気持ちは分かる」と私は言いました。「でもちょっとの間、自分の気持ちを感じようとしてみることはできるだろうか。君のためにそこにあるものを尊重し認めるんだ。ここを乗り越えるにはそうするしかないんだよ。やってみる気はあるかな？」

彼は少し考えると肩をすくめて言いました。「まあ、**これまで**感じてきた思い以上に悪くなることはないでしょう」

「正直、ずっとよくなるだろうと私は確信してるんだ」と私は言いました。「試してみるだけでいい。君のなかにあるその怒りを見てみようという気はあるかな？」

「ええ」彼は答えました。「でも……、どうやったらいいのか、分からない」

「手伝うよ」と私は言いました。「まず、背筋を伸ばして座ってみようか。そうすると、自分のなかで起こっていることともっと触れ合いやすくなるんだ」。ブライアンは足をぴたりと床に着け、椅子の上で姿勢を正すと、こちらを見て次の指示を待ちました。「では、お母さんと交わした会話を思い出してみよう。彼女と電話している自分を思い浮かべてごらん。彼女の声と言葉を聞いてみよう」。彼は少しの間じっと座り、一心に真剣な面持ちで自分の内面に意識を集中していました。母親とのやり取りが怒りと共によみがえってきていました。

「自分の気持ちと触れ合ったとき、自分のなかでどんなことに気づくだろう?」私は聞きました。彼は目を細めてこちらを見ると、「なんだかイライラする」と言いました。

「そのようだね。その感覚に少し余地《スペース》を与えてみようか。どんな感じがするか言い表すことはできるかな」

彼はちょっと考えてから「分かりません」と答えました。

ブライアンにとってこれは新しい領域でした。そこで私は「自分の身体に意識を集中して、内面で起こっていることで気づいたことをただ描写してごらん」と伝えました。

彼はちょっと耳をすませてから、「うーん、なんだかこわばりを感じる」と言いました。

「正確には体のどこでそう感じられるかな?」

「胸のあたりです」

「分かった。ではその部分に集中してみよう。どうにかしようとは考えなくていい。ただそのこわばりに意識を向けて、どうなるか見てみよう」

ブライアンは下を向き、自分の体に集中していました。彼は肩を前後に動かすと、顔を上げてこちらに向き直り、「少し緊張が和らいできた」と言いました。

自分に起こっていることに集中することで、ブライアンは内面で自分の感情に余地《スペース》を与え、また怒りのエネルギーも徐々に動き出していきました。ちょうどそのとき、ブライアンの顔色が変わりました。「他になにか気づいたことはあるかな？」私は聞きました。

「体がぽかぽかしてきた。肌が熱く感じる」**怒りのようだ**、と私は思い、「そのまま感じてごらん」と言いました。そしてしばらく待ってから「他にはなにがあるだろう？」と聞きました。

彼は片手を額にあてがい、しばらく座っていましたが、やがて首を横に振りました。「今それについて考え出してしまった。思考へとそれていってしまった」。一緒に問題に取り組むなかで、ブライアンは自分が物事について考え出し、感情から離れてしまいそうになるとそれに気づけるようになってきていました。

「ちょっと思考を手離してごらん。それに力を与えないことだ。身体の感覚に意識を戻してそれがどうなるか見てみよう。他になにか気づいたことはあるかな？」

ブライアンは再び自分の内面に意識を集中し直しました。しばらくすると、彼は眉を吊り上げて驚いた様子を見せました。「すごい……、自分のなかで湧き上がってくるエネルギーを感じる。変だな」

意識を向ける

実際のところ、それはまったく変なことではありません。ブライアンのこの体験は、体で感じられることに意識を向けたときに、なにが起こりうるかということを示すよい例なのです。感情の流れが開放されているのです。第3章で学んだように、感情というのは体で感じられるものです。体がなかったら、感情もありません。それを感じるところがないからです。身体上の感覚に意識を向けることは、自分の感情とつながるのに役立つのです。ブライアンが自分の内面で起こっていることに耳をすませ、体で感じられることに意識を向けるにつれて、彼のなかの怒りがより強くはっきりとしたものとなり、動くことが可能になったのです。
英語の **Emotion**（**感情**）という言葉は、もともとラテン語で「外へ出ていく」ことを意味する **Emovere** という言葉を語源としています。健全な感情は、まさにそうするものなのです。それが穏やかに流れる感覚であっても、ほとばしるエネルギーであっても、感情は動くのです。それは内から外へ、胴から始まって手足の先へと、外へ向かって動くものとして感じられることがよくあります（McCullough, 1997）。たとえば、

・怒りは上へ向かって上昇するエネルギー（頭に血が上る、腕がうずく、など）として感じられる。
・悲しみは込み上げてくる涙として感じられる。
・幸せや愛は胸から胴へと広がる温かな流れとして感じられる。
・恐れは体を凍りつかせる場合もあるが、逃げる態勢を取らせるために足へ向かってエネルギーが流れることもある。

罪悪感や恥の場合は、これとは少し異なります。これらの感情のエネルギーは逆に外から内へと流れます。よって、私たちは自分の殻のなかに隠れたいという気分にさせられるのです。しかし、こうした流れの「方向性」にかかわらず、それらに気づくことができるようになれば、感情は常に動いているということがきっと分かるはずです。

意識的に感情の身体的経験に意識を向けることで、感情が湧き上がって自然に流れる余地《スペース》が内面に作られます。ブライアンの場合、内面で起こっていることに集中することで、自分の怒りを具現化する余地《スペース》ができたのです。それは最初、苛立ちのような感覚として出現し、さらにつきつめてゆくと胸のこわばりとして表れました。そのこわばりに意識を向けると、そこが開かれて怒りが流れ出し、体温が上がってぽかぽかとした温かさとして表れました。そして、さらにこの感覚に寄り添っていると、怒りが放ったエネルギーが上昇するのが感じられたのです。

感情に意識を向けるという行為は、それ以上なにも必要としません。なにも起こそうとする必要はないのです。なにかを解決しなければならないわけでもありません。その瞬間に意識を集中してじっと観察しさえすればいいのです。自分自身とのこのような関わり方を培うことは、マインドフルネス・メディテーションにおいて呼吸に意識を向けることと似通っています。メディテーションを実践したことのある人は誰でも知っているように、自分の呼吸に意識を集中することは、意識の範囲を狭めると同時に意識と関与のレベルを高めるという興味深い効果をもたらします。自分の気持ちにじっと集中し、意識を向けるときも同じことが起きます。感情の微妙な動きに対する意識が高まり、私たちの感情体験も深まるのです。

このように意識を向けられるようになるには練習が必要です。すぐに気が散ってしまったり、過去や未来について頭を悩ませたり、つい問題解決モードに入ってしまったりします。こうしたことをしている自分に気づいたら（ちょうどブライアンが思考へと流されてしまっているのに気づいたように）、ただ体で感じられることに再び意識を向け直してみましょう。それがなんであれ、まずそこにあるものに集中して、なにが起こるか観察してみましょう。連想の道へと迷い込んでしまったら、まず最初に感情的な反応を引き起こしたものへといったん自分を引き戻してみましょう。それが誰かの心ない言葉であっても、愛情に包まれた瞬間であっても、ついに達成したゴールであっても、経験を視覚化《ビジュアリゼーション》し、聞き、触り、味わい、そして起こることにただ寄り添ってみましょう。

以下に、体で感じられることに集中するのに役立つ、これまでの提案をまとめます。

意識を向ける

・気を静め、内面で起こっていることに意識を向けよう。
・体で感じられているところを探し出し、その場所に意識を集中しよう。

・それをどうにかしようとはせず、ただ見守り、耳をすまし、観察しよう。
・意識が散漫になったら、身体上の感覚に意識を向け直すよう自分に言い聞かせよう。

一歩ずつ

「君のなかでたくさんのことが起こっているようだね、ブライアン」私は言いました。

「ああ、なんだか圧倒されてしまいそうです」と彼は不安そうな面持ちで認めました。

「落ち着いて、少しずつ進めていこう」。ブライアンはほっと息をつき、ちょっと気が楽になったようでした。私は続けました。「まず、このエネルギーについてもう少し話してくれるかな」

「なんだか……、怒鳴りたいような気分です」彼は認めました。

「言い返してやりたいということかな?」と私は聞きました。

「ええ、母に文句を言ってやりたい」

「そうしたい気持ちは理解できるよ」と私は言いました。「でも怒りを**感じる**ことは、それを言葉にして表すことが目的ではない。少なくともこの段階ではね。ここでの目的は自分の内面にあることをすべて体で感じ取ることなんだ」。私は、彼がそのことを理解できるよう少し待ってからこう提案した。「とりあえず、今自分のなかで起こっていることにそのまま意識を向けてみようか。体のなかで、今なにが起ころうとしているだろう?」彼は自分が体感していることに再び耳をすませると言いました。「よく分からないけど。自分のなかでエネルギーがどんどん高まっているみたいだ」

「そのエネルギーはどこに向かおうとしているかな?」

「なにか**せずにはいられない**ような気がする」。そう言いながら、ブライアンはまるでなにかを無理やりどけるかのように目の前の両手を動かしました。

「よし、ちょっといったん立ち止まって見てみよう。君の手になにが起こっているのかな」

ブライアンは、まるでそこにあったことに初めて気づいたとでもいうように、自分の手を少しの間見つめると、「うずうずしている」と言いました。

「その感覚に意識を向けていたら、なにが起こるだろう？」私は聞きました。

「なんだか……なんだか当たり散らしたいような……そんな気分だ」。それから突然、彼は心配そうな面持ちになり、「でも**決して**僕はそんなことはしない。自分は暴力的な人間じゃないんだ」と語気を強めました。

「それは知っているよ。それは問題じゃない。それより君が自分の感情を充分に体験できるかのほうが気がかりだよ」

多くの人間がそうであるように、ブライアンは怒りと共に生じる衝動に対して居心地の悪さを感じていましたが、彼の当たり散らしたいという衝動は生理学的に見て当然のものでした。それは、危害や攻撃に対して動けるよう私たちのシステムに深く組み込まれた闘争・逃走反応の「闘争」面だからです。私たちが目指すべきは、いかなる感情についても、それに対して反発するのではなく、いかに**許容するか**を学ぶこと、落ち着いて内面で感じられる経験を意識深く探ってゆくことです。怒りに関してはとくにそうです。

私は、ブライアンに、彼の反応はもともと「生まれつき」のものであることを説明してから、こう補足しました。「私たちがここで試みているのは、君の感情に充分な余地《スペース》を与えることなんだ。君が現実の世界でどうするかということを話しているわけではない。もちろん君が攻撃的になることなどありえないし、それはいけないことだ。でも自分の感情を許容し、内面にあるものを乗り越えることは、怒りをポジティブなやり方で活用するためには欠かせないことなんだよ。裏を返せば、そうしないと君はずっと無力のままということだ」

「いや、そうはなりたくない」。彼は前よりも確固たる表情で言いました。

「では、いいかな」私はそう言ってうなずくと、彼の決意がしっかりと固まるのを待ちました。「それでは、お母さんとの一件に立ち戻って、自分のなかにあるものにしっかりと寄り添ってみよう。そこにあるものをすべて抑えずに感じることができるかな?」

ブライアンは横を向くと内面に集中しました。自分の感情にとても近づいているようでした。彼は少しの間じっと座っていましたが、やがてこちらに向き直ると言いました。「どうすればよいのかよく分からない。そこにあるのは分かるし、それを感じることもできるけど……」

「ただそこにあるものに気づくだけでいい」と私は言った。「深く息を吸い、吐きだす際に感じていることに身をゆだね、乗り越えるんだ。心を開いて、ただ起こることを自然に任せてごらん」

彼は息を吸い、吐き出した。なにかが放たれたようでした。彼は少しの間そのままにしていましたが、やがて顔を紅潮させてこちらを見ると言いました。「うわあ、なんだかエネルギーが一気に押し寄せて、外へ大きくはじけ出ていった感じだ」

ゆとりを持つ

もしブライアンが今までいつもしてきたように、自分の感情についてたいして気にも留めることなく適当に対応していたら、この体験は表面的で不毛なものにしかならなかったでしょう。きっと彼の怒りは半分埋もれたまま、うずき続けたに違いありません。しかし、ゆっくりと落ち着いて一歩一歩対処することで、彼は最後まで意識深く感情を探ってゆくことができたのです。

感情というものは多面的なものであり、そのすべてを感じるのには時間がかかります。私たちが通常よくやるように、感情をざっと感じるだけでは心の機微を見過ごしてしまいます。感情を役立てるためには、そうした複雑な感情すべてを**感じ取る**ことが必要なのです。

今という瞬間にゆとりを持つことで、自分の感情体験にもっと寄り添うことができるようになるというのは、すごいことです。それは、以下のような役目を果たしてくれます。

・不安感を軽くする。
・今この瞬間にもっと充分に意識を向けさせる。
・自分の感情の微妙な意味合いに気づきやすくさせる。
・感情体験をより細かい対処しやすいレベルに分ける。
・感情体験を広げ、深める。

ゆとりを持つことで、ブライアンは**参加観察法**と呼ばれるマインドフルネスの一面を育てています。自分の感情と身体上の感覚を観察することと、それらを体験することの両方を、彼は同時に行っているのです。まず自分の内面で高まってゆくエネルギーに気づきます。次に口で言い返してやりたいという欲求と、それに続いてなにかしたいという衝動に気づきます。さらに意識を向けて手のうずきに気づき、それを観察するうちに当たり散らしたいという衝動も感じる。そのまま自分の感じていることを観察していると、ついには激しく押し寄せるエネルギーに気づき、それを感じる。このように取り組むことで、ブライアンは自らの怒りとそれが持ついろいろな側面に対する意識を高め、より完全に怒りを具現化させることができたのです。同時に、一見手に負えないように見えた怒りの体験を、瞬間ごとに対処可能な段階を追って展開するプロセスへと変えることもできたのです。

ときどき、映画でも観ているように自分自身の感情を見つめてみると役に立ちます。こうすることで展開のスピードを緩め、場面ごとに感情を体験することができるからです。たとえば、まず始めにある体験を思い浮かべ、心のなかでそれをゆっくりと展開させていきながら、そのつど湧き上がってくる感情を少しずつ探ってゆきます。いつでも好きなときに一時停止して映像を止め、特定の場面で少し時間を取ってもいいでしょう。こうすることで、体験のスピードを緩め、感情とじっくり向き合い、それらに必要な余地《スペース》を充分に与え、そして心の準備ができたと思ったら次へ進むことができるのです。

以下、ゆとりを持ってじっくりと自分の感情に寄り添うための提案です。

ゆとりを持つ

・時間をかけて、多面的な感情の複雑さを感じ、それぞれの側面に気づいて感じてみよう（感触、拡がり、深度、激しさ、等々）。
・気持ちに集中し、それがどうしたいのか、どこへ行きたいのか聞いてみよう。今という瞬間に意識を向けながら待ち、なにが起こるか見守ろう。
・気が散ったり先走ったりしてしまうときは、今の感情体験に意識を向け直し、ただ見つめてみよう。

身をゆだねる

子どものころ、ジャージー・ショア（注：国ニュージャージー州南部にある海辺の名称）で家族と過ごした楽しい休暇の思い出が、私にはたくさんあります。海のにおい、カモメの鳴き声、砂浜をはだしで歩いたこと。家族で過ごすこの休暇は、私の大好きな夏の風物詩でした。私は、姉さんたちとほとんど毎日海で遊んで過ごしました。ちょうど体が浮きそうになるくらいのところまで歩いていき、上下にぷかぷか揺られながら「大物」がやってくるのを待ったものでした。そして案の定、波はやってきました。徐々に大きくなってこちらへ向かってくるその波を、みんなではるか遠くに見つけたものでした。ひとたび波が押し寄せてきたら、ただ身を任せ、うねりに持ち上げられてそのまま浜まで乗っていくしかないということをみんな知っていました。もちろん、ちょっと怖かった。でも、それよりもなにより爽快でした。

ときどき、ゆったりと今という瞬間に身を置いていると、私たちの感情は引き潮のように穏やかに意識のなかに入ってきます。またあるときは、感情は内面で勢いを増し、波打ち際へ向かう「大波」のように膨れ上がります。こうした瞬間は、ただその体験に**身をゆだね**、流れに心を開いて受け入れ、波に乗るのが最善の策であることがよくあります。悲しみが湧いたら心の痛みに身をゆだね、喜びが湧いたら高揚感にひたり、またブライアンの場合のように、怒りが膨らんできたら自分のなかのほとばしるエネルギーに身を任せるのです。それは少し怖いことかもしれませんが、怖がる必要はありません。結局のところ、自分の感情の波に乗ることでおぼれてしまった人などいないのですから。それよりもっと重要なのは、こうした体験がよりよい未来への可能性に満ちているということなのです。

身をゆだねるという行為には寛容性があります。身構えたり、ハラハラしながら切り抜けるのではなく、自らを**柔らかく**して溶け込み、感情が自分のなかを通り抜けていけるようにするのです。感情のエネルギーが内面で高まるのを感じたら、その体験に身を任せるよう優しく自分をうながしてあげるのです。大きく息を吸い、そして吐き出しながら感情のエネルギーが流れるようにしてあげましょう。大きく腕を広げ、偏見なく感情を迎え入れる自分の姿を思い描いてみましょう。そして、感情がやってくるのを感じましょう。あなたの作り出した心のなかのスペースをその感情で満たしてあげましょう。

感情が耐えがたいものだったり圧倒されてしまいそうなときは、そうした体験にあなたがうまく対処できるよう、そばで支えてくれるような信頼できる友人や愛する人のサポートを得るのもいいでしょう。もちろんそれは、あなたが安心して気兼ねなく自分をさらけ出せるような相手でなければなりません。

あなたが心を開いて自分の感情に身をゆだねることができるよう、次の「身をゆだねること」のガイドラインを参考にしてください。

身をゆだねること

- 自分のなかでエネルギーが高まってきたら、感情が出てこられるよう、うながそう。**ただ感情が湧いてくるままにしよう**、または単に**来るままにしよう**と自分に言い聞かせよう。
- 感情が押し寄せ、自分のなかを通り抜けていけるよう、そのなかへ息を深く吸い込もう。
- 和らぎ、リラックスして感情に身を任せる自分の姿を想像し、実行してみよう。
- 感情の流れに身を任せながら、呼吸をして心を開いておくことを覚えておこう。

怒りについて、ちょっと一言（か、二言）

ブライアンが自分の怒りに触れたとき、彼は自分のなかでとどろくような怒りのエネルギーを感じ、当たり散らしたい衝動にかられ、そして感情の爆発を乗り切りました。この一連の出来事は、すべて彼が椅子に座ったまままで起こったことです。このように感情体験は内面で起こりますが、感情表現はまたそれとは別です。それは、外面で起こるものなのです（そして、これが次章で取り上げるテーマです）。

自分の感情を充分に感じる方法を身につける必要性について人に話すと、必ず、怒りは例外かどうか尋ねられます。怒りも他の感情と同じく感情なのですが、この質問が示しているように、依然として誤解され続けている感情です。

多くの人は、怒りを不健全で破壊的な態度と誤って同一視しています。ただ「怒り」という言葉を口にしただけで、怒鳴ったり、叩いたり、物を壊したり、といったイメージが頭に浮かぶ人もいます。**これがなんの役に立つというのだろう？**　と人々が疑問に思うのも、もっともです。こうした行動やその他の攻撃的な態度は、感情を感じるということが目的ではありません。これらは物や誰かに対して八つ当たりすることで怒りを発散しようとすること、または「行動化」と言われるものです。こうした態度は反射的です。まるで自分のなかにはその感情を許容して収める余地《スペース》がないので、外へ出さざるをえないとでもいうように。事実、怒りを「発散」させること（たとえば、叫ぶ、枕を何度もパンチする、誰かに当たり散らす）は、怒りを助長して長引かせるだけである、との研究結果が繰り返し報告されています（Tavris, 1989）。つまり、こうすることで私たちはますます怒ってしまうというわけです。

ブライアンのように、内面にある怒りを許容し、マインドフルにそれが変化するまで感じきっていくことを学ぶことで、私たちは感情の扱いに熟練し、有効に活用できるような力を得ることができるのです。禅の師匠ティク・ナット・ハンの思慮深い励ましにあるように、「自分の怒りを受け入れよう。それに対処できることをあなたは知っているし、理解しているのだから。あなたはそれをポジティブなエネルギーに変えることができるのだ」（Hanh, 2004）

波を乗り切る

「大きな爆発のようだね。激しそうだ。それはどんな感じがするだろう？」ブライアンに充分に怒りを体験してほしいと思いながら、私は尋ねました。

「自分のなかを通り抜けていくのが感じられる。とても熱い」と彼は言いました。

「ただそれに寄り添って、流れるままにしてみようか」

ブライアンは静かに座り、内面に集中して自分の怒りに充分な余地《スペース》を与えました。私は、この一連の体験のなかで、彼の母親はどこにいるのだろうと考えました。つまるところ、こうした感情を引き起こしたのは、母親とのやり取りだったのです。彼女との関連のなかでこうした感情を体験することはブライアンにとって重要でしょう。「ブライアン、そうした感情が湧いてきたとき、君はお母さんと電話で話していたときのことを思い出していたよね。この怒りの爆発に対して、お母さんはどのように反応すると思う?」

彼は少し間を置いてから言いました。「びっくりした顔つきでたじろぐんじゃないかな」

「それはどんな感じがするだろう?」

ブライアンは少し間を置いて、自分に確かめてから言いました。「力が湧いてくるような……そんな感じがする」。彼はため息をつくと姿勢を正しました。「母に打ち負かされるのには、もううんざりなんだ。これ以上は我慢できない」

彼の態度は一変していました。自分の怒りを受け入れることで、ブライアンはそれまで持ちえなかった力強さと迷いのなさを見出していました。この新しい自分の在り方を充分に感じることは、今後の人生にそれを生かしてゆくうえで、きわめて重要でした。そのことを念頭に、私は彼に聞きました。「それは自分のなかでどんな感じがするだろう?」

「前より自分が大きくなって、母がずっと小さくなったような気がする。以前ほど母を脅威に感じないです」。彼は、少しうれしそうに言いました。

それは私にも伝わってきました。ブライアンは姿勢を正して胸を張り、すっきりした顔をしていました。セッションが始まった当初の表情とは明らかに違っていました。

「それはすばらしいね」と私は言いました。「長い長い間、君の心のなかでお母さんは、**それは大きく**立ちはだかっていたんだから」

「まったくだ！」彼はまた息をつきました。「本当にほっとしました」

ブライアンは怒りの波を乗り越えたようでした。私は言いました。「本当にすばらしいことだよ。その安堵感を、じっくりと感じてみよう。そこへ息を吸い込んで、よく味わうんだ」

その感覚を充分に取り込もうと、しばらくの間私たちはそこに一緒に座っていました。しかしやがて、ブライアンのなかでなにか別のものが湧き上がってきたようでした。私は、なにか新しく気づいたことがあるのかどうか聞いてみました。

「実は今、悲しい気持ちもあります」

「ああ、そのようだね。そのままにしていいよ、ブライアン。それも体験の一部だから」

「たしかに、母はときどき本当に気難しい……そして、母に対する怒りの気持ちを感じられてすっきりしたけど……」彼は言いながら、目に涙を浮かべました。「こうしたことすべての奥で……僕が本当に母に望んでいるのは……愛情なんだ」

やり通す

ブライアンは自分のなかで大きな感情の変化を感じていました。怒りと寄り添い、すべて感じ尽くすことで、彼は新たな境地に達したのです。もう恐れで身動きできなかったり、絶望を感じたりすることもなく、力を得て、自分のために立ち上がろうと固い決意を感じていました。

自分の感情に寄り添い、きちんと評価してあげることができれば、感情は自分のなかにある豊富なリソースをもたらしてくれます。精神科医でジョージタウン大学の教授であるノーマン・ローゼンサルが著書『The Emotional Revolution』のなかで述べているように、私たちの感情は「贈り物」をもたらしてくれるものなのです(Rosenthal, 2002)。たとえば、恐れは英知の贈り物を、悲しみは癒やしを、罪悪感は深い後悔を、恥は謙虚さを、幸福は成長を、そして愛は親密さと絆をもたらしてくれます。そしてブライアンが見出したように、怒りは迷いのなさと力をもたらしてくれるのです。こうした贈り物はすべて、健全な方法で私たちを前進させてくれるものなのです。

しかし、もし自分の感情を感じ始めたあとにそこから身を引いてしまったら、こうした贈り物の恩恵を受けることはできません。感情を部分的にだけ体験するのでは不十分なのです。波に乗っかったら、岸に着くまで乗り切らなければいけないのです。

でも、どうしたらすべて乗り切ったということが分かるのでしょうか?

私たちが最後まで感情を感じ尽くすと、体内で変化を感じます。それははっきりとしたものかもしれないし、かすかなものかもしれませんが、ある程度の解放感が感じられ、ブライアンのように心が軽くなるのです。私たちの感情はもはや必死に耳を傾けてもらおうとはせず、こちらもそれらを避けようと頑張ることもなく、内面のエネルギーは自然に流れることができます。それが怒り・喜び・悲しみ・恐れ・罪悪感・恥、愛情のどれであろうと、真の感情を充分に感じると、それに続いて内面で変化が起こり、体は和らいで、気分も晴れて軽くなるのです。そして感情の中核《コア》に触れたことで、真実の感覚を感じることができるのです。それがたとえつらく不快なものだったとしても、自分の感情がしっくりと感じられ、自分はなすべきことをしている、またはしたのだという確信を持つことができるのです。

もし、自分の感情にしばらく向き合っても依然として落ち着かなかったり、自分のなかで変化を感じられないようだったら、それは他にも処理すべき感情があるのかもしれません。心理学者で哲学者でもあるユージン・

ジェンドリンが著書『Focusing』で書いているように、「最後には必ず気分がよくなるはず」だからです（Gendlin, 1981）。気分がよくないのは、さらに追求する必要があるという証拠なのです。

行き詰まりを感じ、ほとんど感情の動きがないようなときは、フォーカスしている感情が実は防衛的なもので、その奥に横たわる主要な感情を覆い隠している可能性があります。より明白な感情は少し脇に置いておき、別の感情がその陰に隠されていないかどうか見てみましょう。主要な感情に触れることができたとき、それは開いて流れ出すはずです。そうしたら、あとは最後まで感じ通すことができるでしょう。

感情がすぐに変化しない場合に考えられる、もうひとつの可能性としては、それらの感情がずっと以前にさかのぼるものかもしれないということです。きちんと明らかにして処理し、癒やすべき、過去から引きずっている未解決の感情と結びついているのかもしれません。たとえば、（本章で前述した）ブライアンが感じた悲しみは、はるか以前の子ども時代に端を発するものでした。内面で湧き上がる感情を必死に抑えようとしていると、子ども時代の記憶がよみがえってきたのです。学校の授賞式から家に帰ってきたとき、無反応で感情的にそこにいてくれなかった両親の記憶が。それによって埋もれていた感情の泉への扉が開き、癒やしのプロセスが始まったのです。もし、あなたがフォーカスしている感情が昔からのなじみあるものだったり、現在の状況と必ずしも合致しないものに思えたら、次のようなことを試してみてください。その感情によって引き起こされる体の感覚と結びついたまま、同じような感覚を最初に抱いたところに立ち戻ってみるのです。現在の気持ちを過去への「かけ橋」として利用するのです（Watkins & Watkins, 1997）。自分の内面に目を向け、なにか記憶や感覚、他の感情などが生じるかに意識しながら、その瞬間に意識を向けておきましょう。きっとあなたの感情が動き出し、癒やしと再生へ向けた一連の作業を始めることができるでしょう。

ある感情を探ってゆくと、ときにそれ以外の感情もそこに存在することが明らかになることがあります。ブライアンが自分の怒りを乗り越えたあとに、悲しみも感じていることを見出したように。彼は、母親の批判的な態度に傷つき、自分を受け止めて愛情を注いでもらえなかったことに苦しめられました。怒りを感じ、探ってゆくことで、ブライアンは自身のなかにある悲しみを認め、嘆き悲しむことができたのです。悲しみと向き合い克服したら、今度は愛情を感じていることも見出すかもしれません。これが、感情体験の複雑さなのです。

以下は、自分の感情を最後まで感じ通すための提案です。

最後まで感じ通す

・自分の気持ちに寄り添い、心を開いて、その体験が最後に結実できるよう自分をうながそう。
・自然に流れるのが感じられるまで、気持ちに繰り返し立ち戻ってみよう。じっくりと感情に向き合い、湧き上がらせよう。
・感情になじみがあったり、それが昔からのものであるように思えたら、その感情をかけ橋として使ってみよう。今の感情体験とつながったまま、時間をさかのぼってその根源を明らかにできるかどうか見てみよう。よみがえってくるどんな記憶や感覚、他の感情に対してもオープンでいよう。
・内面に意識を向けて自分の心の声に耳を傾け、他になにかないか感じてみよう。**これがすべてか、もっとなにかあるのか、他にはなにがあるのか、**などと問いながら、感情が生じるままにしよう。

振り返る

自分の感情（怒りと悲しみ）の波を完全に乗り越えると、ブライアンはその体験を振り返り、自分のしたこと、それが自分にとってどのようなものであり、なにを学んだのか、といったことを一歩下がってじっくり見つめる必要がありました。彼は、自身の怒りに向き合うのがどんなに難しかったか、少し怖かったけれど、同時にそれが正しいと感じられたか、などについて語りました。子ども時代の経験によって、いかに自分が感情的に抑制されてしまったのかということをよりはっきりと理解できただけでなく、自分の恐れに向き合うことで、自身がどのように変化しつつあるのかも彼は認めることができました。彼は続けました。

†

こうすればするほど、どんなに今まで自分自身を抑えてきたか、どんなに自分の感情を持つことを恐れてきたかが分かる。こんなにも心に重荷を抱えていたことに今まで気づかなかった。いかに自分の気持ちを押し戻し、感情に蓋をしてきたかを。なぜかそうすることでもっと自分をコントロールできると考えていたのかもしれない。でも違った。むしろ逆だったんだ。今の僕は、以前よりもっと自分をうまくコントロールできていると感じる。怒りを感じ、ただすべてを湧き上がるままにさせること。それは必ずしも簡単なことではないけれど、解き放たれたような気分になる。それにもう怖がって自分を抑えたりしない、そんな自分をちょっと誇らしく感じるよ。自分には**できる**、もう重苦しい気分になる必要もない、このまま取り組んでいけば、ありのままの自分でいられる自信がついて人生がよくなる、という希望も湧いてくるんだ。

†

自分の体験を振り返り、やり遂げたことを認めることは、このプロセスにおいて欠かせないステップです。そうすることによって、自分のやったこと、すなわち恐れに向き合い、状況を好転させ、よりよい人生を手に入れるために自分を解放しようとしていることの重要性をしっかりと理解するのに役立つからです。振り返りをすることで、これまでと違う新しい自分の在り方を讃え、それを自己感覚とより完全に同化させることができるのです。それに、立ち止まって自らの進歩を認めるのは気分のよいものでしょう。

脳の働き方に関して言えば、内省することで左脳の「意味を理解する」機能がプロセスに取り込まれます。洞察力だけでは長期的な変化はもたらされないように、理解の伴わない感情体験もまた有効ではありません。左脳は自分の体験を理解し、納得させる役割を果たしているのです。たとえば、自分の行為を振り返って、次のように考えるかもしれません。**自分の気持ちを恐れるあまり、私はそこから逃げようとあらゆることをしていた。でも落ち着いて自分の気持ちに寄り添ってみたら、恐れていたほどのものではなかった。きっと自分にもできる、自分の感情にうまく対処できるということが今分かってきた。**このように自分の体験を顧みることは、右脳（感情体験）と左脳（理解）のプロセスをひとつにまとめ、新しい神経連結の発達をうながすのです（Cozolino, 2002）。これが脳の再配線を促進するボトム・アップ・プロセスのうちの「トップ」にあたる部分です。

体験を振り返り理解する時間を取ることは、ほとんど努力を要しない一方で、大きな効果をもたらします。次の「振り返り」にある提案を参考に、自身の体験を振り返るのに役立ててみましょう。

振り返り

- 静かな場所で、自身の体験を振り返ってみよう。一歩離れて全容を見渡してみよう。
- 自分がやり遂げたことについて、また自分の感情を感じるという体験はどんなものだったか、それがどうなったかについて考えてみよう。
- 以前抱いていた気持ちと今の気持ちを比べてみよう。（たとえば、身体上での感覚、自分について思うこと、など）なにか変化があるか意識してみよう。
- 自分の体験と自分について分かってきたことをノートに書き留めておこう。

感情のケアをする

私たちの感情はケアを必要としていて、またそれには時間がかかります。自分の感情をケアするときは、それらに寄り添い、必要なだけの余地《スペース》を与えて気を配ってあげることです。感情の存在を認め、ゆとりを持ち、そしてそれらを充分に感じるために心を開くのです。

心を揺さぶられるような映画を観ているとしましょう。映画館の席に腰をおろしたあなたは、まだ日々のあれこれ瑣末な事柄にとらわれて、ちょっと気もそぞろです。しかし、映画が始まると間もなく、時の流れは遅くなり、過去や未来は遠くへ消えてゆき、あなたは今スクリーンで目にしているものにどんどん引き込まれていきます。すっかり気を取られ、映画のなかに引き込まれて登場人物に感情移入している自分に気づくでしょう。危険がせまれば恐れを感じ、うまくいけば喜びを感じ、優しさにほろりとし、痛ましさに悲しみを感じる。映画はすべてが一瞬のうちに起こるのではありません。それは時間をかけ、ワンカット、ワンシーンごとに展開していきます。しかし最後まで見続け、その体験に浸るならば、それは豊かで感動的な旅へと連れて行ってくれるのです。

同じことが人生でも起こりえます。自分の感情をきちんと認め、また自分の感情体験を尊重して充分に感じ通すとき、私たちは感情をポジティブなエネルギーに変えることができるのです。しかし、自分の感情を感じることで個人的に満足し、ときにそれで充分であったとしても、誰かとその感情を分かち合えたら、と思うこともままあります。実際、感情とはそうさせようとするものなのです。次章では、いかにして自分の感情をより容易に表現し、他者とより親密につながるために使うことができるのか、ということについて見ていきたいと思います。

【本章のキーポイント】

・充分に感じることができれば、感情はそんなに長くは続かない。感情には、始まり、中間、終わりがある。
・進んでありのままの自分の感情を見つめ、受け入れようとしなければならない。
・自分の内面で起こっていることに意識を向けることで、感情のエネルギーは解放され、動くことができる。
・感情は多面的なものである。それを役立てるには、そうした複雑な感情すべてをそのまま感じる必要がある。
・その瞬間においてただ感情に身をゆだねるのが最善であることが多い。
・感情を感じることと、それを表すこととは別物である。
・自分の感情に心を開き、意識を向ければ、それは多くのことを私たちに教えてくれる。
・感情を充分に最後まで感じると、解放感や安堵といった体の変化が感じられる。
・ひとつの感情に余地《スペース》を与えてそれに向き合うことで、しばしば他の感情が出現する余地《スペース》が作られることがある。
・自分の感情を感じるという体験をじっくり振り返ることで、成果を確固たるものにし、脳神経ネットワークを再配線することができる。

第7章　ステップ4——心を開く

そしてその日がやってきた。
つぼみを固く閉ざしたままでいるリスクのほうが、
花開くリスクより、つらく耐えがたくなってしまう日が。
——アナイス・ニン

ニナは、安堵のためいきをついた。彼女の癌の生体検査の結果は陰性だった。医者には「なにも心配することはない」と言われた。

やっとこれ以上考えなくてもすむわ、とクリニックを出てニナは思った。無意識のうちに彼女は携帯電話を取り出し、親友のマギーに電話しようとした。が、急に腹立たしい気分になってその手を止めた。**向こうから電話してくれればいいのよ**、そう思うと彼女は携帯電話をしまった。

医者の診察を受ける前の週末は、本当に苦痛だった。ニナは気を紛らわそうとしていたが、心配の種は尽きることがなかった。いろいろなシナリオを頭のなかで描いて、気が遠くなりそうだった。しかし、癌の可能性に対する恐怖よりもつらかったのは、孤独だった。この困難な状況のなか、友人たちは自分が期待していたほどには周りにいてくれなかったのだ。そんな友人たちに対してニナは一様に失望していたが、なにより傷ついたのは、マギーの不在だった。友人たちのなかでも、きっとマギーはそばで支えてくれると思っていたのだ。なんだかんだいって、もしこれが逆の立場だったら、ニナはマギーの傍らにいただろう。いつだってそうしてきた。それなのにニナの胸にしこりが見つかってからというもの、マギーは変によそよそしくなっていた。**きっと彼女も怖いのだとは思うけど、**ニナは思った。**でも、私はどうなるの？　大変な状況に置かれているのは私のほうなのに。**

マギーがようやく電話をかけてきたのは、それから数日が経ってからだった。彼女はニナが無事であったという知らせに喜び、いつ会えるかと聞いてきた。友達からの電話にうれしいと思う反面、ニナは依然として傷ついていた。泣いて、悲しい気持ちを彼女に伝えたかった。でも本心を見せるのが怖くてその気持ちをぐっとこらえ、ニナは再びマギーを受け入れた。

一週間後、ふたりは会ってランチをした。ニナは、マギーがもっと早く彼女に連絡をしなかったことに対して自らの無神経さについて触れるか、もしかしたら謝ってくるかもしれないと考えていた。しかし、それについてはなにもなかった。マギーがあれこれぺちゃくちゃ話すのを聞きながら、ニナは憤りを感じ、思わず一言言いかけたものの、彼女の反応が怖くて不安になり、思いとどまった。**きっと今は、この件を持ち出すべきときじゃないわ、**そう自分を納得させ、彼女は自分の気持ちを押し込めようとした。

しかし怒りの奥にある心の痛みはそのままだった。その周りには壁が築かれ、ニナが傷つかないよう守っていた。……そしてマギーを立ち入らせないようにしていた。

よくある恐れ

ニナは、マギーに自分の気持ちを知られるのを恐れています。もし率直に包み隠さず気持ちを伝えられていたら、マギーは理解して謝ったかもしれません。防衛的になって反発したり、怒ったり、傷ついたりしたかもしれません。もしくは、ふたりでこの難局に向き合い、友情に入ったヒビを修復しようと模索したかもしれません。結果はどうであれ、少なくともこうした難しい対話に取り組むことが自分にもできるのだということをニナは発見したでしょう。しかしそうする代わりに、ニナは気持ちをうちに秘めたまま憤り、傷つき、孤独を感じ続け、そしてマギーとの関係も行き詰まっていってしまったのです。

自分の本心を打ち明けようとしないことで、人間関係が傷ついてしまうことがあります。私たちは、ニナのように自分の愛する人がしたこと・しなかったことで自分が傷ついたとき、それを本人に言おうとしません。怒りでイライラしたり、やがて消えてなくなるだろうとそれを退けようとしたりします。恐れているのだと認める代わりに、強がったり突き放したりします。または、防衛的になって相手を責め、批判し、心を閉ざして距離を置き、本当の心のうちを隠します。批判や拒絶にあうのではないか、愚かで嫌な奴だと思われるのではないかと恐れ、自分の傷つきやすさをなんとしてでも見せまいとします。それがなんであれ、今あるつながりが失われてしまうのが怖いのです。

相手に心を開いて本当の気持ちを打ち明けることができないのは、自らの感情に対する恐怖のせいもありますが、実際はそれだけはありません。

行き詰まってしまってどうしてよいか分からず、人は私のところへやってきます。みな、なぜこんなにも感情的に打ち解けることが難しいのかが分からないのです。自分がどう感じているのか人に伝えたいのに、どうしてもできない。怖すぎてできないのです。この恐怖は、今自分が置かれている状況に特有のものだと、多くの人は考えています。しかし、実際にはそれは、叱責されたり見捨てられたりする危険が現実としてあった幼少期の対人関係のなかから生まれたものなのです。幼いころの保護者との経験によって、自分の感情だけではなく、感情を表すことでもたらされる結果まで恐れるようになってしまうのです。自分の気持ちを伝えることで関係が脅かされるのではないかと、いまだにどこか恐れていて、ニナのように本心を隠そうとするのです。彼女は、傷ついた気持ちとマギーへの怒りを伝えることでマギーの反発を招き、ふたりの親密な絆が失われてしまうのではないかと恐れて、口を閉ざしたのです。

しかし、こんな生き方をする必要はありません。自分の感情に対する恐れは昔のプログラムに基づいているだけなので変えることが可能なように、他人の反応に対する恐れも変えることができるのです。ただ、自らの恐怖に向き合う術《すべ》を見つけ、感情を表してもその結果に対処できるという自信さえあればいいのです。自分の感情と、自らの人生におけるその重要性を知り、その価値を十分理解できるようになること、また継続的に練習することで大半の人は自分の感情をうまく扱えるようになり、最終的には誠実であることの価値を認めると知っていること。こうしたことで、自信もつくのです。

もちろん、気持ちを伝える相手によって経験は大きく左右されます。もし彼らがこちらの気持ちに寄り添うことや建設的に受け止めて反応することができなかったり、その心構えがなかったりしたら、あまりうまくはいかないでしょう。気持ちを打ち明けることで状況を悪化させるだけの場合もあります。（相手があなたの気持ちに対して不寛容だったり、ましてや反感を抱いているかもしれないという懸念がある場合は、気持ちを伝えることは避けたほうがよいので、できればプロのセラピストに助けを求めるとよいでしょう）。しかし、私たちは自分の友人や愛する人の受け止め理解する力を過小評価し、気持ちを伝えることをあまりにも避けすぎています。試みようともせずに、物事がよくなる可能性を自ら否定しているのです。虎穴に入らずんば虎児を得ず、という諺の通りです。

私のクライアントが、思い切って誰かに心を開いてみたら非常にうまくいったと驚嘆するのを何度目にしたことでしょう。今という瞬間に意識を向けたまま、すべてを打ち明けることが自分にもできるのだということ、そしてそれは思ったほど恐ろしいものではないということを知るのです。そして、同じくらい重要なのは、相手もまたそうすることができるのだということに気づくということです。つまり、相手との新たな関わり方を見出すのです。

もちろん、期待するほどにはうまくいかないことも、ときにはあります。結局のところ、人間関係というのは複雑で、やり取りの結果をいちいちコントロールすることはできません。しかし、できる限り自分の気持ちが聞き入れられ、前向きな反応を得られるよう学ぶことはできます。今という瞬間に意識を集中する能力を高め、直面する様々なチャレンジから学び成長することができるのです。心を開いて気持ちを伝え、なにかできることを見つけ出そうとすることは、その第一歩なのです。

気持ちを伝えることに私たちがこれほど怯えてしまう一因《いちいん》は、それにどう取り組んだらよいのか分からないからです。どこから始めていいのか分からない。自分がなにを望んでいるのか、なにを必要としているのか、はっきりしない。心のうちを伝える最善の方法が分からないのです。

私たちが、どうすればよいのか途方に暮れてしまうのも、無理はありません。今までこうしたことを避けてきたために、自分の感情を理解し、効果的に伝えるためのスキルを磨くことができなかったのです。しかし、今から学ぶことはできます。本章では、この新たな領域を進んでゆくにあたって、参照できるようロードマップを示しました。また、日ごろから練習することで、他人に心を開き感情を伝えることが、よりスムーズになるような役立つスキルも学べるようになっています。

最初のステップ

自分の気持ちを他者に伝えるための最初のステップは、まず自分自身がその感情を理解することです。落ち着いて自分の気持ちに意識を調和させると、そこに内在する知恵に気づきますが、それも自分の感情を十分に感じることができたときに得られる多くの「リソース」のひとつです。自分の感情が伝えようとしていることによく耳をすませば、それは驚くほど多くのことを私たちに教えてくれます。まるで賢者のように、感情は次のことをしてくれます。

1. 情報を知らせる。
2. 洞察をもたらす。
3. 指針を与える。

これらの各面と通じ考察することで、自己に対する認識が高まり、自己理解も深まります。またそうすることで、自己の欲求やニーズもよく理解できるようになります。その結果、十分に情報を得たうえで自分が次にどうしたいのかを選択することが、ずっと容易になるのです。

それでは、自分の感情の持つ知恵に注意することで、どんなことを知ることができるかについて詳しく見てみましょう。

情報

感情は、物事・状況が正しいときや正しくないとき、また人生がうまくいっているときやそうでないときを私たちに知らせてくれます。自分の気持ちに充分寄り添い通じ合うことができたとき、それらが発するメッセージはたいてい分かりやすく明快です。以下は、一般的なテーマの例です。

・怒りは、なんらかの方法で自分の気分が害されていることを教えてくれる。
・愛は、自分にとって大切な人やもの、自分たちが深くつながり合い気遣っていることを教えてくれる。
・恐怖は、自分が危険にさらされていることを知らせてくれる。
・幸せは、自分のニーズが満たされ、物事がうまくいっているということを教えてくれる。
・罪悪感は、自分がなにか間違ったことをしている、もしくは、してしまったということを教えてくれる。
・恥は、自分が過度にさらされ、無防備であるということを知らせている。

自分の感情から発せられる主要なメッセージを理解することは、自分がどう対応したいのかという答えを見出すために欠かせない最初のステップです。これは感情について考えるということではなく、感情やそれらが教えようとしていることとつながるということです。そのためには、自分の感情が伝えようとしていることに、じっと耳を傾ける必要があります。たとえば、ニナの悲しみは、彼女になにかがおかしいということを知らせていました。この気持ちに耳をすませ、それがなにを伝えようとしているのだろうと思いをはせたとき、それはニナに、友人たちが離れていったことやマギーがいないも同然であったことに対して自分がどんなに傷ついたのかということを教えてくれたのです。そして彼女は、なぜ自分がこんなに気分を害しているのか、よりはっきりと理解したのです。

自分の感情がなにを伝えようとしているのか知るために、以下の情報ツールを活用してみましょう。

情報ツール――感情はなにを伝えようとしているのか？

人に自分の気持ちを伝えたいかどうか考えるにあたって、それがあなたに知らせようとしていることに時間を取って耳を傾けてみましょう。

1. 落ち着いて自分の内面に意識を向け、気持ちに集中しよう。
2. なにを伝えようとしているのか自分の気持ちに問うてみよう。どんなメッセージを発しているだろうか？　あなたになにを知らせたいのだろうか？
3. 干渉することなく、ただ答えに耳を傾けよう。自分の感情から答えを導き出そう。すぐに答えが出ない場合は、出てきたらキャッチできるよう、心を開いたままにしておこう。

洞察

自分の感情が伝えようとしている基本的な情報が分かったら、次のステップは、その陰に認識すべきニーズが隠れていないかどうか知ることです。怒っているのなら、自分はなにを必要としているのだろう？　幸せを感じているのなら、自分はどうしたいのだろう？　怖いと感じている場合は、どうしたら安心できるだろう？　私たちの感情は、自身にとってなにが最善かを知っていて、こうした疑問への答えに導いてくれるのです。たとえば、第4章でジュリーが父親に朗報を伝えようと電話した際、もし彼が自分のそっけない対応を反省し、娘をもっと応援できないことに対していくらか罪悪感を感じることができたなら、おそらく自分の態度を改めたい、または償いたいという欲求に気づくでしょう。また、第6章で見たように、ブライアンの怒りは、自分に対して敬意をもって接してもらう必要があること、母親にもそのような対応を望んでいることを彼に知らせていました。同様に、ニナの悲しみは、友人の不在に対して心の痛みを感じるべきであること、マギーには自分に手を差し伸べ、共感を示し、そばで支えなかったことを謝ってほしいと望んでいることなどを、彼女に教えてくれていたのです。

もし、ニナが警戒を解いて、自分のニーズや欲求を受け入れていたら、マギーにそれを打ち明けて伝え、あれほど渇望していたサポートを得られる可能性も高まったかもしれません。しかし、彼女はそうしなかったのです。マギーの反応を恐れていることに加え、ニナは自分が精神的な支えを必要としているということに対しても葛藤を感じているのです。それは、ニナに限った話ではありません。

どんなかたちであれ、人に頼るということを弱さの証拠だとみなす人はたくさんいます。大人であれば、誰かに安心させてもらったり支えてもらったりする必要はなく（ましてや、自分がそれを必要としているとは、もちろん認めず）、精神的に自足すべきだという考えです。こうした考え方は欧米文化で広く受け入れられているにもかかわらず、人間性についての今日の見解には反するものです。愛着理論学者のジョン・ボウルビィが唱え、また数々の研究によっても裏づけられているように、私たちは生物学的に親密さ・安心さ・ケアというものを必要としていて、そして、それは幼少期のみならず、生涯を通じて必要なものなのです（Bowlby, 1980）。私たちが成長し豊かに生きる力は、他人と近しい結びつきを持てるかどうかにかかっているのです。他人からの精神的な支えに頼り、それを利用できるということ――すなわち「健全な依存」ともいうべきものは、弱さではなく強さとリジリエンスの証拠なのです。

精神的ニーズがあるということを認めるのは、なかなか勇気のいることかもしれませんが、単に自分もみんなと変わりないのだと言っているにすぎないのです。私たちは人間です。この事実を自覚し、心が求めているものに思いやりを持って耳を傾けようとしなければなりません。結局のところ、自分のニーズを自らが真剣に受け止めなかったら、いったい誰が受け止めてくれるというのでしょう。そして、それを拒絶することは、ただ苦しみを長引かせるだけなのです。悲しみや怒りを常に抱え、いつも不安にとらわれることになってしまいます。自分のニーズや欲求から生じる感情は、私たちがそれらを聞き入れ、きちんと対処するまで何度でも戻って来ます。自分のニーズや欲求に応じることは、身に沁みついた社会的通念や家族のなかで学んだ教訓、または自分のなかの批判的な声に抗うことかもしれませんが、それは自分自身や他者と真に再びつながる唯一の方法なのです。

あなたも洞察ツールを使って、心の奥底にある自分の欲求やニーズを明らかにしてみましょう。

洞察ツール――自分はなにを欲し、必要としているのか

1. 判断を下すことなく、自分のなかの批判的な声を静め、気持ちに耳を傾けてみよう。
2. 自分は**なにを欲しているのか、なにを必要としているのか、自分の心が望んでいることはなにか、**自問してみよう。体で感じられることから答えを導き出そう。
3. 自分の望んでいることがなんとなく分かったら、それを言葉にしてみて、正しいと感じられるかどうかを確かめてみよう。しっくりこなかったら、もう一度やってみよう。なにをすべきなのか、どうしたらそれを実現できるのかは、ここでは考えなくていい（それは次章で扱う）。ただ、それを認識し、受け入れればいいのだ。たとえば、もしニナが自分の感情が伝えようとしていることに耳を傾け、自分の欲求を言葉にしたら、こんなふうに言ったかもしれない。「マギーがそばにいてくれなかったことに自分がどれだけ失望したかについて、彼女に理解し、しっかり認識してもらいたい。謝ってほしい」と。

指針

自分の感情が伝えようとしていることを理解し、精神的なニーズと欲求を特定して認識したら、今度はそれに自分が応えたいか**どうか**、また**どのように**応じたいのかについて考える番です。ただ自分の気持ちを認識し、そのまま自分のなかにとどめておく場合もあるでしょう。すべての感情を表すことが必ずしも有益とは限りません。たとえば、愛する人とあまり一緒に時間を過ごせていないことに罪悪感を感じているのに気づいたら、もっと連絡を取ろうと努力をすることで対応するかもしれません。または、すばらしい一日に幸せを感じ、その感情を自分で味わうだけで満ち足りるかもしれません。

しかし、感情によって行動がうながされる場合もあります。概して、そのために感情というものは生じるのです。ダニエル・ゴールマンがその画期的な著書『EQ――こころの知能指数（原題：Emotional intelligence: Why it can matter more than IQ）』のなかで説明しているように「本質的にすべての感情は行動をうながす衝動であり、進化の過程で私たちに埋め込まれた、人生をうまく生きるためのすぐに使えるプランなのである」（Goleman, 1995/1996）。それは、私たちに反応する用意をさせ、身に降りかかるどんなことにも最大限にうまく対処できるよう、方位磁針のように方向を示してくれるのです。たとえば、怒りは身を守る準備をさせ、幸せは心を開くよう仕向け、また恐れは逃げるよう強くうながす。ひとたび自分の感情に気づいて感じることができたら、そこで選択をするのです。それに基づいて、行動を起こすのか否かの選択を。

ここまでは主に、自分の感情を感じて寄り添う能力を高めることに焦点をあててきました。しかし、一連のプロセスにおいて、この段階に至っては感情的マインドフルネスの持つ別の側面が必要になってきます。自分の感情に基づいて行動するか否か最善の判断を下すには、どのように対応したいのかということについて、賢明に、よく考えなければなりません。

ときには、ただ感情のおもむくままにするかもしれません。たとえば、嘆き悲しむ時間が必要であることを悲しみが知らせているならば、私たちはただそうするでしょう。じっくりと内面に目を向け、嘆き悲しむ余地《スペース》を作るでしょう。しかし、他人に自分の感情を伝えるとなると、考慮すべき他の要因が往々にして出てきます。どのように進めるのが最適なのかを知るためには、以下のような質問を、いくつか自分に問いかけてみるとよいでしょう。

・**自分はなにを目指しているのか？　変わるためになにを欲しているのか？　それを実現するためにはどんな行動をとればいいのか？**　目指す目標は、たいていニーズや欲求に関連している。たとえば、好きな人ともっと親密になりたいと思っているとする。よってより深くつながるということが目標となり、自分の気持ちを打ち明けるということが、その目標を達成するための対応となるだろう。

・**なにか問題があるのか？　自分の気持ちを伝えることで、それは解消されるのか？**　たとえば、第6章において問題だったのはブライアンの母親の態度だった。それは自分にとって受け入れがたく、これ以上は許容できない、と彼女に知らせることで、ブライアンの状況は改善するかもしれない。しかし、もし母親が彼の言い分すらまったく寄せつけないほど閉鎖的であったら、そうはならないかもしれない。どういった対応が自分にとってもっとも得策なのかを考えたうえで、どのように母親とコミュニケーションをとっていきたいか決める必要があるだろう。

・**自分はどう対応したいのか？　なにをしたいのか？　そのように行動することは自分の価値観に沿ったものだろうか？**　たとえば、あなたが誰かを叱り飛ばしたいという気持ちにかられていたとしても、合理的に議論をするほうが、他人に尊敬と尊厳をもって接するという個人的な価値観により沿っているかもしれない。

・**今が最適のタイミング、そして状況と言えるだろうか？　もう少し待つべきだろうか？**　自分の気持ちを表すのに、よりふさわしい時や場所を待つべき場合もある。たとえば、社交的な場で、友人やパートナーがなにか不愉快なことを口にしたとする。こうした場合は事後にプライベートな場で対処できるよう、話題にするのは待ったほうがいいだろう。

・**自分はこの相手に安心感を抱いているだろうか？　信頼できる相手だろうか？　自分の気持ちを尊重してくれる相手だろうか？**　安心して心を開くことができるということは、もっとも肝心な点だ。自分の気持ちを思い切って打ち明けられるだけ相手を十分信頼できるかどうか、よく考える必要がある。同時に、感情をさらすことで信頼関係を築けることもある。ときには思い切ってやってみて、どうなるか見てみることも必要だ。

自分の感情に気を配っていると、どのような行動をとるのが一番よいのかが、よく見えてくることがあります。ベストセラー作家のメロディー・ビーティが、自著『Choices: Taking Control of Your Life and Making It Matter』のなかで述べているように、自分の感情の導きに従うと、「それはまるで魔法のようだったりする。次にすべきことがただおのずとわかるのである」（Beattie, 2002）。しかし、立ち止まってじっくりと自分に向き合い、自分がどうしたいのか見出すことができるような余地《スペース》を作らなければならないときもあります。幸い、感情の持つ知恵の数々が味方になって、行く手を照らしてくれるでしょう。

本節に載せた質問は、あなたがどう進んでゆきたいのかを決めるのに有効です。それに加え、これまで取り上げた内容を3段階のプロセスとしてまとめた「方針ツール」も指針として役立ててください。

方針ツール

1. 落ち着いて自分の内面に意識を向け、自分の気持ちがなにを伝えようとしているのか聞いてみよう。
2. 自分の気持ちに耳をすませ、その根底に自覚すべき欲求やニーズがあるかどうか見てみよう。
3. 目指す目標を明確にし、それを成し遂げるためにはどのような行動をとるのが最善なのかを、時間をかけてよく考えてみよう。

感情のサインに従う

ニナと会った数日後、マギーはお気に入りの店でショッピングをしていた。マギーはバーゲンに買い物に行くのが大好きだった。いつもだったら、こういうときはニナと一緒なのだが、その日は彼女は忙しくて来られなかった。少なくとも、彼女によればそうだった。なにかいい品を見落としていないか今一度チェックしようと、マギーがざっと洋服の棚を見て回ると、なんとなく気になるものが目に入り、彼女はそちらへ向き直った。この**ドレスはニナにぴったりね**、とマギーは思った。**きっと気に入るに違いないわ！**

支払いをしようと立ち止まったとき、マギーの頭のなかに、その日ニナと電話で交わした会話がよみがえってきた。気に留めずやり過ごそうとしたものの、なにかが引っかかり、マギーを落ち着かない気分にさせた。ニナは、気もそぞろな感じでどこか様子がおかしく、少し苛ついてさえいるようだった。彼女は「忙しい」「やることがある」と言っていたが、マギーはそれ以外になにかあると感じていた。なにかが腑に落ちなかった。実際、ここ数週間というもの、ふたりの間はどこかぎくしゃくとしていた。心配になり、マギーはなにか自分がニナを怒らせるような言動をとっただろうかと、思い当たる節はないかさかのぼって考えてみた。

そして、はっとした。**彼女が生体検査を受けたときにもっと早く電話しなかったことに腹を立てているのかしら。そうに違いないわ。**マギーはそう思うと、今度は怒りが湧いてきた。**私だってそのころ、いろいろと大変だったことを、ニナだって知ってたはずよ。そんなことでなぜこんなに大げさにするの？　彼女はなんでも心配ばかり。自分で乗り越えるべきなのよ！**　支払いを済ませ、車に向かいながら、マギーはむっとしてそれ以上考えないようにした。

正直なところ、マギーはニナに電話できないほど忙しかったわけではなかった。実際、ニナが生体検査の結果を受け取るまで、深刻な事態なのではないかと心配で、マギーは彼女のことが頭から離れなかったのだ。**もしニ**

ナが癌だったら？　いったい私はどう対処したらいいの？　こうしたことすべてに彼女はパニックになっていた。

マギーは車のエンジンをかけようとしていたが、身構えるような当初の気持ちが和らぐと、その手を止めた。彼女は窓から外を眺めてしばらくの間そこに座り、ニナに思いをはせた。**きっと傷ついているに違いない。**重苦しい気持ちに襲われながらマギーは思った。そんな考えが頭をよぎるたびに、マギーはニナのそばにいなかったことへの罪悪感を振り払おうとしたが、もうこれ以上抑えることはできなかった。**今回は本当にへまをやらかしたわ。**彼女はそうした気持ちをしばらく抱いたまま、どうすべきか考えあぐねていたが、やがて彼女のなかでなにかが変わった。マギーは背筋を伸ばすと、車のエンジンをかけた。**いったいなにをやってるのかしら。ニナと話さなければ。**

言葉の力

この気づきに際して、マギーは自身の感情が持つ知恵をうまく活用しています。ニナに対して当初感じた不満が過ぎ去ると、本当は心の奥底では友達のそばにいなかったことに対する罪悪感を自分が抱えていることを、マギーは発見しました。そして、自分が「へまをやった」ことを認め、そうしてしまったことを悔やみました。自分のなかの罪悪感に触れたマギーは、償いをしてヒビの入ってしまった友情を修復したいという気になり、ニナと話すことでその目的を成し遂げようと決めたのです。

心を開くプロセスにおける次のステップは、自分の抱いている気持ちを相手に知らせることです。言葉よりも行動のほうが大切である場合も多いけれども、自分がなにを感じていて、なにを欲し、なにを必要としているのかといった内面で起こっていることは、それを言わない限り相手は確信できないものです。スー・ジョンソンは心理学者の立場から、自著『Hold me tight』のなかで、「実のところ、（愛する人に）自らを充分知ってもらおうとすることなしに強固で揺るぎない絆を築くことは決してできない」と指摘しています（Johnson, 2008）。自分の気持ちを言葉にすることは、相手に心のうちを伝え、感情的に親密な関係を築くもっとも効果的な方法のひとつなのです。

実際に、言葉こそがもっとも重要なときもあります。最近、ある年配のクライアントが話してくれました。長年連れ添った彼女の夫は、その長い結婚生活の間、一度たりとも彼女に謝罪したことがなかったそうです。妻の気持ちを傷つけてしまったときに、深く後悔している様子は見て取れたものの、その気持ちを言葉にして一言「ごめんなさい」と口にできれば芽生えたはずの親密さのようなものが得られなかったと彼女は感じていました。それと同時に、この女性は夫に自分の気持ちを伝えたり、自分が必要としていることを彼に求めたりすることができませんでした。長い年月を共に過ごしてもなお、お互いにもっと深く心を開くことがふたりにとってこれほど難しかったとは、なんと悲しいことでしょう。

この夫婦の経験は極端な例に見えるかもしれませんが、これは珍しいことではありません。私たちの多くは、自分の本当の気持ちを表すことがなかなかできないでいます。自分のなかのより深い心の奥底から話すことには慣れていませんし、それがなにを伴うのかもよく分かっていません。自分の感じていることを表すということは、単に気持ちを打ち明けてすっきりするとか解消するという問題であると、私たちはどこかで感じている節があります。心を開くということは、それとはまったく異なるものなのです。愚痴ったり発散させたりするのとは違って、それは自分が内面で感じていること、そして自分の欲求やニーズを導きに従って言葉で表すことなのです。自分、そして相手をも尊重するかたちで自己を表現できるということが、主な目的なのです。

自己を表現する

自己を表現するプロセスにおける最初のステップは、自分がどのように感じているかを述べることです。これに関しては、すでに取り上げましたし、実際、第5章で学んだ感情を名づけるためのガイドラインをここでも用いることができます。たとえば、感情体験を言語化する際は、簡潔で短い言葉にとどめるのが一番です（「悲しい」「怒りを感じる」「不安だ」等々）。短いステートメントには強いインパクトがあり、ほとんど解釈の余地《スペース》を残しません。せっかく心を開く勇気を奮い起こしたあとに、相手を不要に混乱させることはしたくないでしょう。そのためには、基本的感情を指す言葉を使い、「よい」「悪い」「動揺した」などの曖昧で一般的な言葉は避けることです。こうした曖昧な語は、聞き手があなたの心の状態を明確に理解し、通じ合うのを難しくします。同様に、自分が**感じて**いることよりも**思って**いることを話すという、よくありがちな失敗も避けなければなりません。覚えておいてほしいのは、もし「〜が好き」とか「自分はこれこれこのように感じる」という言い方をしていることに気づいたら、あなたはおそらく自分の感情というより、むしろ自分の意見・判断・考えを表明しています。自分の考えについて話すのはかまいませんが、それは自分の感情を述べようとしているときにすべきものではありません。

次に、今抱いている気持ちを、**なぜ**自分が感じているのかを認識すること。この部分はたいてい、人生における困難（大切な人が病気である、希望した仕事に就けなかった、親友に会えずに寂しいなど）や人間関係（友人や愛する人の言動によって、怒り・悲しみ・脅威を感じるなど）と関連しています。後者の場合、自分が感じていることに責任を持ち、相手を責めたり批判したりしないことが重要です。たとえ感情を引き起こした大きな原因が相手にあったとしても、結局それは他の誰のものでもない「自分の」気持ちなのです。

相手が身構えることなく、こちらの言い分に耳を傾けることができるようなかたちで、自分の気持ちを伝えることを目指しましょう。一人称で話し、「私は～だ」という言い方をすることで、それは自分の経験であるということを認め、コミュニケーションを自分個人に関するものとするのに役立ちます。さらに、その人自身についてではなく、そうした感情を引き起こした特定の態度に焦点をあてて話すこと（たとえば「あなたには腹が立つ」ではなく、「あなたが邪魔すると私は怒りを感じる」というように）で、メッセージが受け取られやすくなります。もしも自分が相手の立場だったら、あなたの言い分をどのように伝えてほしいかと考えておけばよいでしょう。

続いて、事態を改善するためにあなたが望んでいること、必要としていることについても述べること。これについては自明なときもあります。たとえば、あなたはただ自分の身の上を話し、心の支えを得られるように、親身になって悩みを聞いてくれる人を求めているだけかもしれません。しかし、こちらの望みをもっと明確にしなければならない場合もあるでしょう。たとえば、慰めてほしい、自分の領域に踏み込まないでほしい、自分を認め受け入れてほしい、といった要望は率直に相手に要求する必要があるかもしれません。これは、自分は傷つきやすくてニーズのある存在であると認めることになるため、そう簡単ではないかもしれません。でも、こう考えてみたらどうでしょう。概して友人や愛する人々はこちらの助けになりたいと願っていますが、こちらが必要としていることがいつもはっきりと分かるわけではありません。きちんと伝えずにどうやって分かるというのでしょう？　こちらの望みを言葉にすれば、相手は有用なガイダンスを得ることができ、対応もしやすくなるのです。ここでも、これまでに取り上げたガイドラインを適用することができます。すなわち、自分が必要としていることを具体的に述べること、簡潔であること、「私」という一人称を用いること（「私はこうしたい」「私はあなたにこうしてほしい」「こうしてくれたら私はありがたい」など）、そして、敬意をもって相手を非難しないようなかたちで伝えることです。

心を開くための3ステップの具体例を見るために、第6章で登場したブライアンのケースを振り返ってみましょう。もしブライアンが自分の気持ちを母親に伝えていたら、こんなふうに言ったかもしれません。「お母さん、あなたとの関係は僕にとって大事だ。気を遣うあまり、さらにこれ以上よそよそしくなってしまいたくない。僕はお母さんの発言のせいで怒りを感じている。もっとこちらの気持ちを考えて、敬意をもって接してくれるとうれしい」と。ブライアンは、まず母親に、彼女との関係を大切に思っていることを伝えます。それから、自分がどのように感じているか、なぜそのように感じているかを説明し、状況を改善するために自分が必要としていることを求めるのです。

心を開くためのこれらのステップは、あくまで指針として用いるためのものです。必ず守るべき鉄則ではなく、また、心の準備ができていないのにプロセスを開始すべきものでもありません。感情に関わるコミュニケーションの世界では、柔軟に対応することが可能なのです。必要なだけ時間をかけ、やりながら取り組んでいけばよいのです。自分の気持ちを声に出し、それがどう聞こえ感じられるか、試してみるのもよいでしょう。自分の気持ちに慣れるために、納得できるまでそれらを書き出してみてもよいでしょう。重要なのは、最終的に自分の体験について話す手立てを見つけることです。途中間違えたり、適切な言葉がなかなか見つからなかったり、書き直さなければならなかったりするかもしれません。しかし、コミュニケーションスキルとは、そのようにして磨き、伸ばしていくものなのです。そうやって自己表現することを学び、つながる方法を模索するのです。

マインドフル・コミュニケーション

充分に心の準備をしていても、他人に自分の気持ちを打ち明けるのは、やはり怖く感じられるかもしれません。気持ちを伝えたら相手がネガティブに反応し、穏やかな関係をだいなしにしてしまうのではないか、という恐れと向き合うことになるからです。しかし結局のところ、自分の気持ちを伝えることこそが、そうした恐怖を解消するためには必要なのです。幸い、恐れを和らげ前へ進みやすくするためにできることがあります。この恐怖は過去の遺物なのだということを理解するのもひとつですが、本当に効果的なのは、感情的マインドフルネスを実践することです。

なによりもまず必要なのは、立ち止まって心を開くための時間と空間を、あえて作ることです。そうしない限りは、なにも変わりません。他者とつながる貴重な機会を逃し続けることでしょう。もしくは、気が焦ってプロセスがおざなりになってしまうでしょう。立ち止まって日々の忙しさから離れ、自分の気持ちに注意を向け、感じ、伝える余地《スペース》を持たなければなりません。これは、それほど大変なことではありません。つまるところ、いつでもどこでもできることです。散歩をしているときや夕食の最中、車の運転中でもよいのです。日を決めて相手に会ってもいいですし、もっと成り行きに任せてもいいのです。つながりを深めるチャンスは、ほとんどいつの瞬間にも転がっています。それを実行すると決め、目の前にそのチャンスがきたときにつかめばよいだけです。

次に、じっくりと自分の感じていることに耳を傾けること。呼吸に集中することや瞬間ごとに体験することを意識的に観察すること、ただゆっくりと落ち着くよう自分に言い聞かせることなど、これまで学んだ方法を使ってみましょう。

身体上で起こっていることに意識を向けると、より完全に、今という瞬間に身を置きやすくなります（たとえば、床につけた足や腰掛けている椅子の感覚を感じること、身体上で感じられるあらゆる感覚にも気づくことなど）。しっかりとその場に自分を落ち着けることができたら、自分の体験について他の面にも目を向けてみましょう。自分の内面で起こっていることから、今度は相手がどう反応しているか、自分と相手との間に何が起こっているのかに注意を移すのです。今起こっていることに繰り返し意識を向けることで、今この場にしっかりと気持ちを落ち着けることができ、結果として恐れを和らげることができます。

ゆっくりと、より丹念に話すと心が落ち着き、自分自身とのつながりを深めることができます。興奮していたり不安を感じていたりするときは、早口になりがちです。少なくとも、私はそうです。急いでいるときもそうですが、こんなときは感情的にぶれやすくなります。そして、それは不安もまた助長させてしまいます。話す速度を落とすことで、より十分に感じ、自分の言っていることについて注意深く熟考する余地《スペース》が生まれ、そうすることで心からの本当の気持ちを表すことができます。簡単でありながら、これは非常に効果的です。

相手と目を合わせることは、恐ろしく感じられたりもしますが、これもまた、今という瞬間に直接意識を向けるのに役立ちます。私たちは相手の顔に浮かぶ表情を見るのが怖くて、目をそらします。しかしそうすると、恐れに立ち向かい、それを反証しうる機会を逃してしまうのです。カップルカウンセリングをしているとき、思い切ってふたりが見つめ合ってみたら、そこに予期していたものとは正反対のものを見て驚くというケースがよくあります。彼らはお互いのまなざしのなかに、軽蔑ではなく共感を、怒りではなく傷つきやすさを、恐れではなく思いやりを見るのです。相手を受け入れようと一生懸命努力するとき、目の前の現実がより明確になり、それまで抱いていた恐れは薄れていきます。そして、気持ちを伝え合うのに怯える必要はないのだということが次第に分かってくるのです。それは、押し入れのなかの明かりを点けて、おばけなんてどこにもいないから怖がらなくても大丈夫だと、子どもに見せてあげるのにどこか似ています。もちろん、誰に心を開くかによるところも大きいでしょう。しかし、たとえ相手が気まずそうだったり不安げに見えたとしても、自分はその不安にうまく対処することができ、またそれは恐れるようなことではないのだということを、少なくとも私たちは学ぶのです。

目を合わせることには他にもよい効果があります。相手をより近くに感じ、感情的に共鳴しやすくなるのです。相手が泣いたり笑ったり怒ったりしているのを目にしたとき、私たちはある程度その経験を共有しています。相手が感じていることを、自分もまた同様に感じます。感情は伝染するということは昔から知られていましたが、イタリアのパルマ大学の神経学者ジャコモ・リッツォラッティとそのチームは、最近の研究でこの現象を引き起こす脳のメカニズムを突き止めました。他人の感情や行動を観察すると、まるで自ら同じことをしたり感じたりしているかのように、「ミラーニューロン」と名づけられた脳神経細胞が発動することを発見したのです（Rizzolatti,

2008）。たとえば、誰かが苦しんでいるのを見たとき、私たちの脳の「苦痛エリア」にもスイッチが入り、同様に感じるのです。目を合わせ、心を開いて他者に自分の気持ちを見せると、自分の経験が理解され共感してもらえる可能性も増えるのです（その逆もまたしかり）。

最初のステップが一番難しいかもしれません。しかし、戸惑いを感じたとしても、いつかはそうしなければならないのです。ベストセラー作家のスーザン・ジェファースが言うように「恐れを抱きつつ、とにかくやる」（Jeffers, 1987）必要があるのです。マインドフル・コミュニケーションのヒントを参考にしながらあなたも取り組んでみましょう。

マインドフル・コミュニケーションのヒント

心を開き、気持ちを伝えようとするにあたって、次のことをやってみましょう。

・身体の感覚に意識を向けて落ち着こう。足が床に触れているところ、座っている椅子のシートなど感じてみよう。不安になりそうなときは、今いるこの場所に意識を引き戻そう。
・ゆっくりと話し、自分の言葉とつながっていられるようにしよう。立ち止まって自分の言っていることを反芻し、心の奥から発せられる言葉を感じてみよう。
・決めつけることはせず、その瞬間に起こっていること、起ころうとしていること、相手との間に起こっていること、相手がどう反応しているかを観察してみよう。ただ気づくだけでいい。
・相手と目を合わせよう。相手の目に浮かんでいるものを見てみよう。もし相手の感じていることに確信が持てなかったら、聞いて確認してみよう。

そんなに大変なことじゃない

ニナは、コーヒーショップの奥の方に空いているテーブルを見つけ、マギーが店に入ってきたら見えるようにドアの方を向いて座った。それからお茶を一口飲むと、気持ちを落ち着かせようとした。マギーが「会って話をしよう」とメッセージを送ってきたとき、ニナは最初ほっとした。しかし、いざそのときが近づいてくると、不安になった。ニナは、自分がどんなに失望したかをマギーに伝えるために彼女と話したいと思っていたが、これまで先送りにしていたのだ。

ニナが顔をあげるとマギーがこちらにやってくるのが見えた。胸の鼓動が早まる。彼女は深呼吸すると気持ちを落ち着かせようとした。**いよいよだわ**、とニナは思った。

ふたりは軽いおしゃべりを交わしたが、間もなく口数も減り、気づけばお互い押し黙ったまま面と向き合って座っていた。まずゆっくりと口火を切ったのはマギーだった。「あの……、なにかあるのかなって気になっていたんだけれど」彼女は言った。「その……、**あなたが**どう感じているのかは分からないけれど、でも私たちの関係がどこかぎこちない気がして」

「そうね……分かってるわ。確かにそう」ニナは最初ちょっとためらいがちに認めた。「私……ずっとあなたに言いたいことがあったんだけど、でも、なんだか言わないでいるうちにますます言い出しにくくなってしまって……。それで、私はどうすればいいのかと……」せきを切ったように言葉が押し寄せ、その瞬間込み上げる感情があふれそうになったが、ニナは踏みとどまり、自分を落ち着かせようとした。彼女は身じろぎもせずに座り、そしてマギーを見た。感情があふれ出し、目にはみるみる涙が浮かんだ。彼女は一息つくと言った。「私が生体検査を受けたとき、あなたがそばにいてくれなかったことですごく傷ついたの。だって親友だし、それに……」ニナの声はとぎれとぎれになった。彼女はうつむき、悲しみに包まれ、そして泣き出した。

マギーは手を伸ばすとニナの腕に触れ、言った。「本当にごめんなさい」

ニナが顔をあげると、ふたりの目が合った。マギーは苦しそうな表情をしていた。彼女もまた目に涙を浮かべていた。

「なんと言っていいのか分からない」マギーは続けた。「言い訳なんかできないわ。きっと怖くてどうしていいのか分からなくなってしまったんだと思う。その……あなたになにかあったら、私はいったいどうしたらいいの?」

「分かるわ。そうだろうと思ってた。でも私も怖かったのよ。本当にあなたにそばにいてほしかったの」。ニナがマギーの顔を見ると、彼女の目に後悔の色が見て取れた。心に抱えていた痛みや怒りが次第に消えていった。

「あなたがいなくて、すごく寂しかった」とニナは言った。

「私も寂しかったわ」

よりよきものへ

気持ちを打ち明けることは、最初は難しいかもしれませんが、一度にすべてやろうとする必要はありません。簡単なことから始めて、毎回徐々に少しずつ自分を出せるようにしていけばいいのです。まずは、ただ無防備な自分を認めるだけでいいのです。「なんだかきまりが悪いな。こんなふうに話すことに慣れていないし」などと言って、そこから始めてもいいでしょう。

前進するためのカギは、毎回ちょっとずつそうした不快感を受け止めようとすることです。平気になってきたら、またもう一歩前に進めばいいのです。もう少し長い間目を合わせたり、静かに座っていたり、相手が言っていることに耳を傾けたり、自分や相手の感情に寄り添ったりできるかどうかやってみましょう。毎回、そうした経験ともう少し長く寄り添えるように頑張ってみましょう。心を開いて気持ちを打ち明け、今この瞬間に感情を感じる能力が徐々に向上するでしょう。

難しい感情である場合などはとくに、自分の気持ちを伝えるのが困難に思えることもあるかもしれません。困難な状況のときは、最後までやり遂げられるようにマインドフルネススキルに頼ってみましょう。引き返したり、やめたくなったりしたときは、そのつど、今という瞬間に自分の意識を引き戻すことです。自分の身体で起こっていること、相手に起こっていること、ふたりの間に起こっていることに気づきましょう。今、この場にしっかりと意識を向けたままでいること。衝突は避けられないから、それに向き合うことが重要なのです。本当の自分をさらけ出し、たとえ困難な状況であっても絆を保つことは可能なのだということが分かるにつれて、徐々に信頼と親密な関係も深まってゆくのです。

心を開いて気持ちを伝え合うことは、生涯にわたるプロセスです。こうしたコミュニケーションがごく当たり前になるよう練習しましょう。やればやるほどうまくなり、簡単になるでしょう。

人に気持ちを伝えると、問題を解決できる可能性はもっとも高くなります。怒りは解消し、悲しみや恐怖は和らぎ、愛はより深く分かち合えるような、より親密で強い絆が可能になるのです。自分の心のうちを伝えることは、自分自身そして愛する人々を大事にすることなのです。本当に望んでいるような関係を構築することができるのです。

【本章のキーポイント】

・私たちは生物学的に親密さ・安全・ケアを必要としており、これらは一生必要なものである。
・感情は、物事を改善するうえで私たちが必要なもの、欲しているものを知るのに役立つ。
・自分の気持ちを言語化することは、心のうちを伝えるもっとも効果的な方法のひとつである。
・幼少期における保護者との経験は、後の人生において心を開くことに対する恐れの原因となる。
・自己を表現することに対する恐れは、練習と経験によって克服できる。
・自らの感情が持つ知恵に気を配っていれば、それは私たちに情報を与え、選択肢を示してくれる。
・自分が感じていることや必要としていることを言葉にするときは、メッセージを簡潔で明確なものにし、一人称を使い、また自分や聞き手に敬意を示すかたちで伝えよう。
・気持ちを落ち着かせ、意図的に今この瞬間に意識を向けることで、よりうまく心を開けるようになる。
・ゆっくりと話すことで、自分の気持ちと通じ合い、心からの言葉となる。
・相手と目を合わせることで、恐れが解消され、より親密に感じ、そして理解してもらえる可能性も高まる。
・毎回少しずつ不快感を受け止めようとすることで、感情的にオープンになる能力が向上する。

第8章　まとめ

真冬のさなか、わたしはやっと気づいた。不屈の夏はわたしのなかにあるということを。

――アルベール・カミュ

ここまでは、感情恐怖症を克服するための4つのステップについてひとつずつ取り上げて詳しく見てきました。今度は、それらすべてをまとめあげる番です。本章では、これまでに登場した人物のうち何人かを再び取り上げ、これまで見てきた4つのステップとテクニックを彼らがどう使い、それぞれの人生に活かしたのか見ていきたいと思います。

アレックス――悲嘆という贈り物

アレックスは、一歩さがってクリスマスツリー全体を眺めた。すると、ひとつかふたつ、まだ飾り足りないスポットが残っていることに気がついた。床に散らばった箱をざっと見渡すと、蓋が付いたままの箱がひとつあった。**まだ何個か残っているはずだと思ってたんだよ**、と心のなかでつぶやきながら、彼はその箱を取り上げ、中身を調べようとソファに腰かけた。蓋を開けると、数年前の夏にメイン州で妻と休暇を過ごしたときに見つけたオーナメントが、すぐ目に飛び込んできた。別の部屋にいた妻を大声で呼ぼうとした、そのとき、なにか別のものが彼の目に止まった。それは自分が子どものころに学校で作った陶器の雪だるまだった。出来栄えに感激している両親にそれをあげた日のことを覚えている。母はたいそうおおげさに騒ぎ立てていた。それからというもの、毎年、母はそれをツリーに飾るたびに、クリスマスの飾りのなかで一番のお気に入りだと口癖のように言っていた。母は、いつだってそんなふうに優しかった。

アレックスの心が痛んだ。両親の痛ましい死からもう数年が経っていたが、ホリデーシーズンは彼にとって今だに心情的に苦しいものだった。両親のいない寂しさは、一年を通じてこの時期にもっとも激しくなるように思われた。涙が込み上げてきて胸が詰まったが、妻が部屋に入ってきたので、彼は立ち上がってなにやら忙しくしなければ、という気にさせられた。彼女の前で感傷的になっている自分の姿をさらすことは、彼にとってなかなかできることではなかったのだ。けれども、自分を抑えることにももう疲れていたし、彼女ともっと距離を縮めたかった。アレックスは手元のオーナメントをちょっとの間見つめ、気持ちを落ち着かせるために深呼吸すると、妻のほうを見た。

「アル、いったいどうしたの？　大丈夫？」アレックスの苦しい表情を見て取った妻は、心配そうに聞いた。

「いや、僕の両親のことでね。彼らのことを、たった今考えていたんだ」。彼はそう認めると、またうつむいた。妻は横に座ると彼の背中に腕を回した。アレックスはオーナメントのことを彼女に話そうとしたが、やめた。妻がそこにいると安らいで心が緩んでいくようだった。自分のなかで悲しみが湧き上がってくるのが感じられた。今まではいく度となくそれを押しのけてきたが、今回はやり方を変えてみることにした。彼はソファにしっかり体を落ち着けられるように重心をちょっと動かすと、深く息を吸いこんだ。**ただ湧き上がるままにするんだ**、そう自分に言い聞かせ、感情に身をゆだねてゆっくりと息を吐いた。彼のなかにあった悲しみがあふれ出し、涙が頬を伝った。妻は泣きじゃくる夫の背中を優しくさすった。

その後、ふたりは手を取り合ったまま黙って座っていた。アレックスは、たった今起こった出来事について考えていた。いかに自分が気を許し妻に心を開いたのか、そして、激しく泣いたおかげで実際今は気分がよくなったことを。少し前に感じていた悲痛な気持ちは消えさり、代わりに安堵の気持ちが芽生えていた。両親のことを思い浮かべると、悲しみの代わりに、ぬくもりやつながっているという感覚が、今はあった。

アレックスは妻を見つめた。その瞬間、彼女がとても近くに感じられた。目に涙があふれたが、その涙は前とは違うものだった。それは悲しみではなく、感謝の涙だった。妻の手を握りしめ、「とても愛してるよ」と優しく言うと、彼の心はいっぱいになった。

彼女は深い愛情を込めてにっこり微笑むと、「私も愛してるわ」と言った。

†

アレックスの経験は、非常に分かりやすいものです。彼は、自分のなかの悲しみとそれを避けたいという衝動を分かっていて、感情を抑える代わりにしっかりと自分を落ち着かせ、深呼吸をし、それに身をゆだねました。そして、その体験を振り返ってじっくり考えたとき、自らの悲嘆を感じ乗り越えたことで、妻や両親とのつながりが一層強く感じられるような前向きな状態になれることを発見したのです。かつて痛みを抱えていた心は今、愛と感謝で満たされています。こうして彼は、自分の感情との関係、そして脳内の結合を変化させているのです。

よく私たちは、悲しみに浸ると失ったものへの寂しさが一層強まり、状況がさらに悪化してしまうのではと心配します。しかし、実際はその逆なのです。悲嘆は、誰かと分かち合った場合はとくに、慰めや癒やし、ときには幸せさえもたらします。それは、苦痛や悲しみの暗雲を消し去り、それによって私たちは自分のなかに存在している愛情のこもった温かい気持ちや思い出に気づき、それらと容易に通じることができるようになるのです。

ローレン——恐れに親しむこと

ローレンは、読んでいた本を閉じた。読書できると思ったけれど、昨日ボーイフレンドのニックと交わした会話が頭から離れなかった。ニックは、折に触れ彼女と結婚する意志があることをほのめかすような発言をしていたが、ローレンがそのことについてもっとはっきり話そうとすると、いつも質問をはぐらかしたり話題をそらしたりしていた。それに比べ、昨日はもうちょっと踏み込んだ会話ができたように思えた。それともそうでもなかったのだろうか？　今となっては、あまり確信は持てなかった。そのときはニックの口調に安心感を覚えたものの、頭のなかで思い返すにつれ、ふたりの将来についての自分の質問に、彼はなにも答えていないことに気づいたのだ。

ローレンはなんだか落ち着かなくなってきた。

彼が怖気づいているのは分かるわ、と彼女は思った。**彼の両親は結婚生活がうまくいっていなかったから、怖いのよ。たぶん自分たちも同じようになってしまうのではないかと心配しているのね。私がただせっかちなだけかもしれない。もうちょっと時間をあげさえすれば、きっとその気になるわ。もし、私が……。**そこでローレンははっとした。自分の気持ちに耳を傾ける代わりに、再びあれこれ言い訳をして思考にはまりこんでいる自分に気づいたのだ。実際のところ、どんなに彼女が頑張っても、ニックはこれまで付き合ってきた2年間、いまだに「その気になって」はいなかった。彼は好きでもない仕事から抜け出せず、家族とも連絡を絶ち、不摂生をしていた。このところローレンは、彼の前進をはばんでいる様々な問題に対処できるようにセラピストに相談することを彼に勧めていた。だが、ニックはそうする気配も見せていなかった。

もっと深く自分と向き合ってみようという気になり、ローレンは背筋を伸ばして座った。頭のなかの思考のおしゃべりから意識を切り替え、自分の内面で起こっていることに耳をすませようとした。最初はなにも気づかなかった。でも自分の身体に意識を向けていると、胸のあたりに少し締めつけられるような感じがあることに気づいた。その感覚に集中し、寄り添っていると、今度は鼓動が早まり、気分がやや不安定になっているのが分かった。ローレンは自分を落ち着かせようと、楽しいイメージに意識を向けた。湖畔で打ち寄せる水の音を聞き、新鮮な空気を味わいながらデッキに立っている自分を思い浮かべた。そしてしばらくその体験を味わったあと、再び身体で感じていることに意識を集中し直した。

自分の内的な体験に耳を傾けているうちに、彼女は自分が心の奥底では恐れを抱いていることに気がついた。彼女は、ニックがこの先もずっと変わらないであろうことが怖かった。たとえ結婚できたとしても、彼は自分の問題に本当に取り組もうとはしないだろうということが。自分のこともろくに面倒見ようとしないのに、家族の面倒を彼に任せることなど、できっこない。

新たな気づきに心が痛み、ローレンは泣き出した。ニックのことを愛していたが、それだけでは不充分に思われた。これまでと同様、もし今後も彼が今の状態から抜け出すよう努力しないのであれば、彼女が望んでいるような関係を築くことは不可能だった。自分の気持ちと対峙《たいじ》し、それが伝えようとしていることに耳を傾けるのには勇気がいった。そして、苦しかった。ニックには、彼女の大好きなところが山ほどあったが、ふたりの関係がうまくいかなかったら、それらを失ってしまうことになるのだ。

ニックと別れて一からやり直すことを考えることはつらかったが、ひさびさに彼女ははっきりとした感覚を覚えた。彼女は自分のためにこれ以上のものを望んでいた。それを手に入れることがニックとできるのか、ないしは他の誰かとなのかは分からなかったが、よりよいものを求める自分の理想を犠牲にする気も、その用意もなかった。彼女には、自分の恐れが伝えようとしていることを尊重しなければならないことが分かっていた。真に幸せになるためには、結局自分はふたりの関係から今以上のなにかを望み、また必要としているのだということを。

ローレンは涙をぬぐうと、ニックに自分の気持ちを伝え、彼がどう反応するかを見て、今後どうするか答えを出そうと決意したのだった。

†

自分が思考にはまりがちであることを認め、身体に意識を移し、そして視覚化《ビジュアリゼーション》によって自分を落ち着かせてから再び自分の内的な体験に集中することで、ローレンは恐れという根底にある感情を明らかにし、それと向き合い、活用しだすことができました。恐れを避けるのではなく、それに近づくことこそ非常に有益であるということを、このプロセスを通じて彼女は学んでいたのです。

とくに恐怖は、私たちを逃げたい気分にさせるため、落ち着いて寄り添うには難しい感情かもしれません。しかしそれは、往々にして注意を向けるべき、なにか重要なものがあるということを知らせてくれているのです。私たちは誤って、恐怖を退けようとしてしまうことがあります。過剰反応だと自分に言い聞かせたり、深刻さを矮小化《わいしょうか》して「たいしたことではない、対処できる」などと言ったりします。しかし、そうすると、大切なメッセージを見過ごしてしまうこともあるのです。

物事を評価する過程では、合理的思考を用いて、自分の抱いている恐怖が今その場に直接関わりのあるものかどうかを判断することは欠かせませんが（結局のところ、古い扁桃体《へんとうたい》が間違うことがあることを私たちは知っています）、恐怖が伝えようとしていることに、まずは耳をすませる必要があります。そして、今後も自分の気持ちと同調し続けることができれば、どうするかを決断しようとする際に、それらを指針として用いることができるのです。

ジュリー――喜びを感じられるようにすること

打合せが終わって部屋を出るとき、ジュリーの上司は彼女を傍らに呼んで言った。「君がこのプロジェクトを本当にうまくやってくれて、とても感心していることを一言伝えておこうと思ってね」と彼は言った。「君でなかったら、きっとこの顧客を獲得することはできなかったよ」

「いや、チームのみんなのおかげですよ」。彼女は、褒め言葉に少し気まずくなって答えた。「みんなこのために一生懸命頑張りましたから」

「それは分かっているが、君のリーダーシップのもとでできたことだからね。すべてをまとめ上げたのは、君だ。この部署にとってとても有益な人材だよ。ここにいてくれてとてもうれしい」

「ありがとうございます」。彼女は、笑顔で答えた。「私もここにいられてうれしいです」。ジュリーは、はやる気持ちを抑えて足早にオフィスに戻るとドアを閉め、誰にも見られないところで勝ち誇って小躍りした。ここ何週間もの間、この顧客への売り込みに向けて取り組んできて、それがこれ以上ないほどのすばらしい出来だったのだ。ジュリーはエネルギーの高まりを感じたが、また急に気まずくなって自分を押しとどめた。**分かった、分かった、はしゃぎすぎないようにしなくちゃ。まだまだやることは山積みなんだから。**そう思って上着を正すとデスクの椅子に座り、仕事に集中しようとした。

その晩、電車に乗って帰宅する途中、ジュリーはその日の出来事について考えていた。うれしい気持ちで体がうち震えるのを感じたけれど、彼女は他に意識を移してカバンのなかを探り始めた。**ちょっと待って。**ふと、自分のしていることに気づいて彼女は思った。**これはすごいことよ。きちんとこのことを理解しなくちゃ。**彼女はカバンを置くと目を閉じ、ポジティブな気持ちをもう少しの間、味わおうとした。上司とのやり取りが頭に浮かんだ。**部署にとって大変有益な人材で、君がいてくれてとてもうれしい、**と彼が言ったのを思い出した。ジュリーは、まるで朝の光が部屋に差し込んできたかのように、温かくうずくような感覚が上半身に広がるのを感じ、にっこりと微笑んだ。

と、突然どこからともなく、うずくような悲しみに襲われた。**変ね、なぜ悲しい気分になるのかしら**。ジュリーは少し面食らって思った。やりすごそうともしたが、そうする代わりにジュリーは自分を落ち着かせて心を開いたままにしてみた。自分の内面に集中すると、悲しみは膨らんだ。さらにそのまま感じていると、つらかった昔の思い出がよみがえってきた。それは傷つき、失望している、まだとても幼いころの自分の姿だった。父親は慢性的なアルコール中毒で、彼女が頑張って成し遂げたことなど、一切認めてくれたことがなかった。長年ジュリーは、父親にわずかでも自分を誇りに思ってもらえるよう、あらゆる手で彼の注意を引こうとしてきたが、結局まるでいつも自分は力不足であるかのような気持ちにさせられるのだった。成長するにつれて、彼女は父親に放って置かれた心の痛みをどうにか忘れようとしたが、それは放置されつつも心の奥にずっと残り、なにか自分にとっていいことがあると、いつも頭をもたげようとしていた。おそらく、それが原因で、彼女は、自分の成果を心から満喫することがなかなかできなかったのだ。父親に認められなかったという痛みが背後に潜んでいるのに、自分の成功を心から祝うことなどどうしてできるだろうか。ジュリーは窓から外を見つめ、悲しみの波を乗り越えながら、ひっそりと泣いた。それは、気分のよいものではなかった。それどころか、むしろ苦痛だった。しかしそれは、真実で正しいと感じられるものでもあった。

ジュリーが自分の駅に到着するころには、彼女のなかで、なにかが変化していた。父親との経験についてはまだいろいろな感情があったけれど、ずっと軽やかで穏やかな気分になっていた。彼女は自分に起こったこと、それがいかに納得いくものであったかということについて考えていた。自分が気まずい気分になったのは、うれしさのせいではなかった。それは誰かから認めてもらったりすると決まって心の奥で呼び起こされる、いまだ癒やされぬ痛みや失望すべてのせいだったのだ。ジュリーは、自分の成功を素直に喜ぶことが、なぜこんなにも難しいのかをよりはっきりと理解すると、自分に対して思いやりを感じた。

次の日、会社へ向かう電車のなかで、ジュリーは前日の売り込みがどんなにうまくいったかについて考えていた。プレゼンをスムーズにこなし、その後オフィスで勝ち誇って小躍りしたこと。それらを思い返していると自然に笑みがこぼれた。温かくうずくような感覚が、心臓から体の隅々へと広がっていった。その感覚はいつもよりも長いこと体のなかに残り、彼女はじっくりとそれを味わったのだった。

†

当初ジュリーは、幸福な気持ちを自ら満喫できないようにしていることに気づいていませんでした。上司の褒め言葉を過小評価することや、高揚感をすぐに退けてしまおうとすることの根底になにがあるのか、分かっていなかったのです。しかし、あるとき、はっと気づいて自分の気持ちに余地《スペース》を与えたところ、心を開いて自分のなかの悲しみを浮かび上がらせることで、なにが障害になっていたのかを明らかにできることを発見したのです。こうして彼女は、これまで幸せな自分になろうとするのを妨げてきた心の痛みを癒やすための一歩を、踏み出すことができたのです。

ジュリーのように、素直に周りからの称賛を受け入れたり、自分の成果を誇らしく感じたりすることがなかなかできないというのは非常によくあることです。こうした困難は、単に自分の感情を感じられるかどうかの問題であるときもありますが、ときどきジュリーのように、きちんと処理すべき過去からの未解決の問題が明らかになる場合もあります。昔から引きずっている感情的な問題は、克服するのが難しかったりもします。自分で乗り越えられる場合もあるかもしれませんが、行き詰まってしまうこともあるかもしれません。そんなときにはしっかりとした専門家に助けを求めるのもよいでしょう。さらにサポートが必要な場合は、本書の巻末に掲載したセラピーやコーチングの情報を参照していただけたらと思います。

ブライアン――修復への道を見出すこと

「あそこにひとつ空いてるぞ！」空いているスポットを探して駐車場を車でぐるぐる回っていたとき、ブライアンがパートナーのエリックに言った。開演時間まであと10分だというのに、これからまだチケットもピックアップしなければならなかった。エリックはそのスポットを取るべく、スピードをあげて前へ進み出たが、そのとき角を曲がって出てきた他の車にあやうくぶつかりそうになった。彼は急ブレーキをかけると、柄にもなくクラクションをブーっと鳴らした。相手のドライバーが激怒しているのを見て取ったブライアンは、エリックに向かって「クラクションを鳴らすなよ！」とどなった。そして「いったい、どういうつもりだよ。どこかのばか野郎にぼこぼこにされたいのか？」ととげとげしい口調で言った。

劇場に急ぐ道すがら、ブライアンはエリックが彼に腹を立てているのが分かった。「カッとして悪かったよ」。ロビーに差し掛かったとき、仲直りしようとブライアンが言った。「気が動転しちゃったんだ」

しかし、エリックの気分は収まらなかった。「そうかい、でも最近の君は僕に対して非難ばかりで、ちょっとうんざりしてるんだ。もう黙っててくれないか」。彼は、ブライアンにチケットを渡してそう言うと、劇場へと立ち去った。

エリックの言葉が頭のなかでこだまし、ブライアンは茫然とそこに立ち尽くしていた。それから**謝ろうとしたのに、なんて奴だ**、と心のなかで言うと、腹を立てながら自分の席へ向かった。

ブライアンは舞台に集中しようとしたが、たった今起こったことが頭を離れなかった。彼は繰り返しさっきの出来事を思い返していたが、自分の謝罪に対するエリックの反応について考えるたびに腹が立った。**まったく気にしすぎなんだよ**、ブライアンは思った。**いったい、僕にどう対応してほしかったというんだ？　そもそも、あのドライバーに向かってクラクションを鳴らしたりして、いったい奴は、なに考えてたんだ。こんなことで駄々**

をこねようってなら、勝手にそうすればいいさ。お互いに苛立ちが収まらず、劇の合間の休憩時間中も、ふたりはほとんど口をきかなかった。

第二幕を観ているとき、ブライアンは自分の怒りがもしかしたら防衛なのかもしれないと気づき、徐々に態度が和らぎ始めた。自分の意見に固執して殻に閉じこもったり、自分の傷つきやすい感情を隠そうとしがちであることを、彼自身が認識できるようになってきていた。ブライアンは、心を開いて自分の怒りの向こうに、まだなにかあるのかどうか見てみることにした。彼は、エリックが最近、自分が彼に対して批判的だと言ったことを思い返し、思い当たる節がないか考え始めた。

実際、ブライアンはここ数週間仕事でストレスがものすごくたまっており、周りの人間からすれば一緒にいて楽しいとは言いがたかった。正直言って、かなり気難しい態度を見せていた。彼はストレスにうまく対処するのが得意でなかった。自分をもっと率直に見つめ直すにつれ、彼はエリックにつらくあたってしまった別の出来事を思い出した。恥ずかしさが込み上げてきて、胃がムカムカした。**俺は、なんてばかなんだ、**そう思うと、彼はいつものごとくまた自己批判と絶望の穴に自分がはまり込んでいってしまいそうなのを感じた。彼は深く息を吸い込むと、今という瞬間に心をもっと落ち着けようと座席にしっかりと座り直した。少しの間、恥ずかしさがさらに増したが、その後それは次第に消えていった。そして今度は、別の感情が湧き上がってきた。**俺はばかなんかじゃない、**心のなかでつぶやいた。**でも、本当にばかげた態度をとっていたよ。**罪悪感が自分のなかでうずき、彼は目を閉じてそれを乗り越えようとした。心から愛しているエリック、その彼に対して自分のとった態度が悔やまれ、つぐないたかった。どうすべきかは、分かっていた。

帰りの車のなかでブライアンは思い切って口火を切った。「ちょっと話せるかい」と彼は聞いた。

「ああ、いいよ」。エリックは少しとげとげしく答えた。

「君の言ったことについて考えていたんだけど……、その、僕が最近君に対してなんだか批判的だっていう」、一瞬言葉が詰まりそうになり、ブライアンは深呼吸すると続けた。「君の言う通りだよ。僕の振る舞いは、ばかだった。仕事ですっかりストレスがたまっていて、それで……。きっと、君が一番とばっちりを食っているよな。最低な気分だよ……本当に悪かった」

エリックは、ブライアンの方を見た。ブライアンの目には後悔の色がうかがえた。エリックはため息をつくと言った。「ありがとう。そう言ってくれてとてもうれしいよ」

夜ベッドに横になりながら、ブライアンはその晩のことを思い返していた。彼は、自分が今までのやり方を変えつつあることに満足していた。それまでの自分は、いつまでも理屈をこねて、なげやりな態度をとったり心を閉ざしたりしていた。でも今回は、自分に起こっていることを認識し、新しい方法を試すことができたのだ。エリックへの自分の態度に対して感じた罪悪感と向き合うことは簡単ではなかったが、自分の感情にオープンでいることでそれを乗り越え、最終的にはきちんと詫びることができるのだということが分かったのだった。ブライアンは、横ですぐに寝入ってしまったエリックの方を見た。そして腕を回すとエリックを抱き寄せた。

†

エリックの主張に対する自分の怒りが防衛的なものであることを、ブライアンが理解するまでには少し時間がかかりました。やがて、そうした防衛を解いたとき、その奥にある感情が流れ出したのです。幸い、ブライアンは罪悪感と恥の違いを分かっていたため、恥にそのままとらわれずにすみました。覚えていてほしいのは、罪悪感は行動についてであり、恥は自己についてである、ということです。罪悪感を特定し、受け入れ、探ってゆくことで、彼はきちんと相手に詫びる気になったのです。

ときには、どうしようもないことだってあります。私たちは、自分が防衛的になっていることに気づかずに、感情が喚起され反射的に反応してしまうのです。こういうときこそ、感情的マインドフルネスを行うことが、とても重要になってきます。その瞬間、自分の感じていることに寄り添い、意識をして心を開き、そこにあるものすべてを知ろうとすることができれば、防衛反応を超えて心の底にある感情と通じ合うことができるのです。自分の内面的な体験とこのような関わり方をしていくにつれて、状況を改善する道も見つけやすくなるのです。

ケイト――幸せへ向かって

ハイキングも終盤にさしかかったころ、ケイトは、さっき起こったことは、いったいなんだったのだろうと考えていた。友人たちと景色を楽しむはずができなくなり、どういうわけか不安になってしまったのだ。**私ったら、いつもこうだわ**、とケイトは思った。**こんなにずっと一生懸命に働いて、やっとリラックスして楽しもうってときになって、それができないのよ。**彼女は自分を責めようとしたが、そうすると気分がさらに悪くなることが分かっていたので、代わりに、このことについてもっと探ってみることにした。

その日の午後、プールサイドに座りながら、ケイトは朝のハイキングで起こったことについて考えていた。頭のなかでそれを思い返していると、胸が苦しくなってくるのを感じた。彼女はその不快感に寄り添い、それがなんであるのかを知ろうとした。自分の内面に集中すると、自分の足にもうずくような感覚があり、じっとしていられない感じだった。彼女は手を胸にあてがい、深呼吸して気分を落ち着かせようとした。不安感が少し和らいでくると、今度は胃がムカムカするような感覚に気づいた。**これは、いったいどういうことかしら？**　彼女は首をかしげた。**体調が悪いのかな。なにか食べたものがいけなかったのかしら？**　彼女は、友人たちとその前夜に行ったレストランのこと、夕食を囲んでのみんなとの会話などについて考えていたが、それから、ふと自分の思考がさまよっていることに気づいた。ケイトは、胃の不快感に再び注意を向けると、その感覚に寄り添おうとした。最初、彼女はそれが恥なのかと思った。しかし、さらにつきつめてゆくと、その感覚がなにか別のものであることに気がついた。そして、はっとした。**これは、罪悪感だわ。罪悪感？　なぜ、罪悪感など感じる必要があるのかしら？**　ケイトは不思議だった。彼女は自分がなにか間違ったことでもしたのかと、ここ数日の出来事を思い返してみたが、なにも思い当たる節はなかった。再びこの感情に集中すると、それがまるで遠くからきているかのような、昔からのものであるような感じを覚えた。ケイトはそのままその感覚に寄り添いながら、なにか分かることはないかと過去へと思いをはせた。過去のケイトは、小さな女の子だった。病気で体が不自由だった母親は、よく体のひどい痛みに悩まされていた。子どもだったらよくあることだが、ケイトはあるとき、兄弟と遊んでいて少々はしゃぎすぎたことがあったのを思い出した。母親はその日いつもに増して調子がよくなかったのか、おかげで自分の痛みがひどくなったと怒ってふたりを叱りつけた。徐々に、ケイトは、自分が思い切り自由に楽しく遊ぶと、それがなぜだか母親の状態を悪くすると心配するようになってしまった。そして楽しい気分になってくると、まるでなにか間違ったことでもしたかのように、罪悪感を感じるようになってしまったのだ。

今感じている不安感や罪悪感が過去からの名残りであることに気づき、ケイトは、思い切り楽しむことによって起こりかねない事態を心配している自分のなかの少女に思いやりを覚えた。**これ以上、自由に楽しむことを恐れる必要なんてないんだわ**、ケイトは自分にそう言い聞かせ、この状況を変えようと心に決めた。

その夜、友人たちと一緒に外で遊んでいる間、ケイトは例の不安感が背後でちらついているのに気づいた。しかし、今回はそれがどこからくるものなのか分かっていたので、以前のように面食らうこともなかった。代わりに彼女は、自分には楽しむ資格があるのだと自身に言い聞かせ、ポジティブな気分をもっと充分受け入れて満喫しようと意識的に努力した。そうして、休暇の最高の夜を過ごすことができたのである。

ケイトは、感情的マインドフルネスをとても効果的に使いました。彼女は自分が不安を避けようとしていることを認め、その後もっと探ってみようと意識をそこに集中しました。すると身体上の様々な感覚に気づき、今度は、そちらに意識を向けました。不安感が増すと自分を落ち着かせ、自分の内面で起こっていることに耳を傾けました。関心がそれそうになったときは、ただ身体上の感覚に意識を引き戻し、じっと寄り添おうとしました。自分のなかにある罪悪感を浮かび上がらせ、それに心を開いたまま過去へとさかのぼることで、彼女は自分の不快感の原因を突き止めました。そして、それが昔の記憶からくるものだということに気づいたことでとらえ方が変わり、対処の仕方も変えやすくなったのです。

ケイトが幸せを受け入れようとすればするほど、過去からの不安感や心配、罪悪感といった感情との古い絆を断ち切ることができます。こうして自身の感情体験との関係が変わり、より充分に幸せを感じることができるようになっていくのです。そして、このプロセスを経る過程で、彼女の脳内には新しい神経ネットワークが確立され、その結果、感情のオプションの範囲を広げることができるのです。

マーク──怒りに目覚める

マークは、兄からのメッセージを信じられない思いで聞いた。「やあ。実はさ、この週末ちょっと都合が悪くなりそうなんだ。親友が持ってるボートに乗りにいこうと誘われてね、断るのはあまりにも惜しい話なんだよ。悪いな、でもまあ……仕方ないよな。じゃ、またな」

「いや、仕方なくないだろ」。マークは消去ボタンを押しながら思わず声をあげた。そして、**僕は誰かとの約束をドタキャンしたりなんかしない**、と心のなかでつぶやいた。兄にはずっと新居の壁を塗る手伝いをしてもらうつもりでいたのに、今になって全部自分でやらなければならないなんて。マークのなかで怒りが芽生えたが、それは重苦しい気持ちに変わり、体からエネルギーが吸い取られていくようだった。彼は憂鬱な気分になってきた。マークは、兄と一緒に時間を過ごすのを楽しみにしていた。家のプロジェクトを一緒にしながら、ふたりでいろいろ話し、互いにもう少しよく理解し合えるかもしれないと、思い描いていたのだ。この期に及んでも、マークは、いまだに唯一の兄弟との関係を違ったものにできるのでは、と希望を抱いていた。**きっと兄さんにとって僕はたいして重要じゃないんだ、**と彼は思った。**だって、もしそうだったら、こっちに来るはずだろ。いったい僕は何を考えてたんだ。**マークは、淡い期待など抱いてしまった自分に対してばからしく感じると、自分を責めた。

翌朝、作業に取り掛かろうと、マークは重い足どりで家のなかを歩き回っていた。ぐっすり寝たあとは体調も万全だろうと思っていたが、なんだかだるかった。**どうして、こんなに疲れているんだろう？**マークは床に座り、缶に入っているペンキをかき混ぜながら考えた。彼はここ数日間の様子を思い浮かべながら、なにかあったか、考えてみた。その週は、仕事は忙しかったが、とくにいつもと違うわけではなかった。でも、兄のメッセージを受け取ったときのことを考えて、彼は自分の気分が変化したのは、おそらくそのころだということに気づいた。**ということは、単に落ち込んでいるだけか？**マークは自問した。失望したのは確かだったが、でもそれだけではなさそうだった。マークは内面に集中すると、感情的に自分になにが起こっているのか、もっとはっきりと感じ取ろうとした。体が重く感じ、胸のあたりによどんで生気のない重たい感覚を覚えた。**これはどういうことだろう？**彼は首をかしげた。しばらくそのまま疑問を抱いていると、ふとこの倦怠感の奥で、実は怒りを感じているのかもしれないということに気がついた。この可能性について考えたとき、彼のなかでなにかが緩んだようだった。とそのとき、マークは突然胸のあたりに苛立ちを感じた。

これだ！とマークは思った。**もちろん僕は怒っているさ。**そして思った。**僕は、こうしてしまうんだ。自分に怒りの矛先を向けてしまう。**マークは、自分がどのように自らの怒りを防ごうとしがちであるか、次第に自覚するようになってきていた。無意識のうちに彼は怒りを自分にぶつけ、結局はみじめな気分になっていたのだ。**こんなことはやめなければ。**マークは思って立ち上がると、壁にペンキを塗り始めた。約束をすっぽかした兄のことを考えると、怒りが増した。**兄さんによくありがちなことだ。本当に自分勝手だよ。そして僕はそれをいつも許してしまっている。でも、もうそんなことはしない。**エネルギーが再びマークの体に流れ込み、力が増したようだった。すぐにでもその場で兄に電話して文句を言ってやりたかったが、気分がもう少し落ちつくまで待ったほうがいいだろうと思い、その場は踏みとどまった。兄には、毅然とした態度で自分がどう感じたのか伝えるべきだということが、彼には分かっていた。

数日後、自分の言いたいことについて少し考えてから、マークは兄に電話をかけた。まともに挨拶も交わさないうちから、兄はセーリングに行った日がどんなにすばらしかったかをとうとうと語り始めた。マークは再び自分のなかで怒りが湧いてくるのを感じ、気持ちを落ち着かせるために呼吸に意識を集中すると、口をはさむ機会がやってくるまで待った。ついに兄は話すのをやめ、「そういや、ペンキ塗りはうまくいったかい?」と聞いてきた。

「まあね、ただその……」マークは気持ちを落ち着かせた。はっきりと、冷静に伝えたかった。「兄さんの決断に、とても失望して怒っているということは伝えておきたいんだ。手伝ってもらえると当てにしていた。それに兄さんと一緒になにかするのを本当に楽しみにしてたんだよ」

「なんだって?」兄はあっけにとられて言った。そして言い訳がましく「自分だったら、そうしなかったとでも言うのかい?」と言った。

「そんなことは言ってない」。兄の口調に気づいてマークは言った。「でも、ああ、自分だったらそんなことはしないね」

「ああ、そうかい」兄は苛ついて言った。そして「他に頼める人がいなかったからって、俺にはどうしようもないよ。それは俺の責任じゃない。そっちがちゃんと……」

僕のせいにして言い逃れようとしてるな、と兄の文句を聞きながらマークは思った。**兄さんはいつもそうだ。他のみんなを責めるんだ、**マークは思わず兄に食って掛かりたくなったが、自分を押しとどめた。防衛的なやり取りに終始したくはなかった。彼は気持ちを落ち着かせ、冷静になろうと、少しの間また自分の呼吸に集中してから言った。「僕を手伝うことが兄さんの責任だとは言ってない。兄さんが約束を反故にしたときに、僕がどう感じたかを伝えたかっただけだ」

「勘弁してくれよ。本当に大げさだな」

「別に、同意してもらわなくたって構わないさ。でも、こっちがどう感じたか、もうちょっと理解しようとしてくれたら、ありがたいだけだ。本当にがっかりしたし、腹が立ったんだから」

「おまえなあ、俺たちはいつでも会えるだろう」

こちらの気持ちがなかなかうまく伝わっていないことが、マークには分かった。「僕の言っていることをきちんと聞いてないみたいだね」

「ちゃんと聞こえてるよ。ただ全部くだらない話に聞こえるだけだ」

「そう感じるんだったら、残念だよ」。マークは言った。「僕はそうは感じてないからね」

「そうかい……、さてと、俺はもう行かないと。やることが山ほどあるんだ」

マークは落胆して電話を切り、兄ともっと親しい関係になりたいという自分の望みが実際どれだけ現実的なものなのか、疑問に思ったのだった。

†

最初に、鬱《うつ》は自分に向けられた怒りであると提唱したのは、フロイトです（Freud, 1958）。鬱《うつ》には複数の要因

(たとえば、生物学的なもの、遺伝的なもの、環境に起因するもの)があることが今では知られていますが、人が怒りを抑圧すると、当然それはその人のエネルギーレベルと全般的な心的状態に影響します。自分の怒りに対するマークの防衛反応は、珍しいことではありません。不当な扱いをした相手に対して怒りを向ける代わりに、無意識のうちに、私たちは矛先を自分へと向け、自己嫌悪に陥ってしまうのです。そうすることによって自分が苦しむことになるにもかかわらず、どこかでこうした反応のほうが安全だと感じているのです。私たちは、健全な方法で怒りを感じたり、人生において自分が影響を被っているような人々と対峙《たいじ》するために怒りを用いたりすることに、とにかく慣れていません。幸い、マークは怒りに対する自分の反応パターンに気づいて、それを改善することができました。

しかし、しばしばあることですが、兄と話して自分の気持ちを伝えようというマークの試みはあまりうまくいきませんでした。けんかになるのを避けようと、マークは見事に冷静に対処し、マインドフルネスのスキルをうまく活用しましたが、彼の兄は建設的に対応することができませんでした。自分の感情と打ち解け、それらを尊重して表すことが自然にできるようになるにつれ、ときに自分の周りの人間に限界を見出す場合があります。このようなときは、共感を示そうとすることです。結局のところ、自分の感情を恐れるということがどんなものか、私たちは身をもって知っています。ゆっくりと少しずつ進めていくことで、相手との関係を広げ、感情的に豊かなものにすることができることもあるのです。相手をただ受け入れることを選択し、なお有意義な関係を持てる場合もあります。その一方で、相手との関係について自分が抱いている期待を見直し、もっと生産的で、本当に自分が望むような人間関係を築けると分かっているところにエネルギーを注ぐという選択もあるでしょう。重要なのは、他者との関係において互いに通じ合い、自分の感情を伝える機会を避けないということです。もし、相手がこちらの感情を受け入れることができないのであれば、感情を伝えてから、どうするか決めればいいのです。

フランク――愛する勇気を持つ

フランクはロッカールームに入るとベンチに腰掛けた。ちょうどさっき親友にばったり会って、ふたりの共通の友達が離婚するという話を聞いたばかりだった。フランクはびっくりした。ジェレミーが結婚生活に問題を抱えていたとは、想像もしていなかったのだ。**どうなるか、僕には分かる**、と彼は心のなかでつぶやいた。自身のつらい離婚から2年ほど経っていたが、当時のごたごたがすでに遠い過去のものであることが、彼にはうれしかった。**僕のように大変でないといいけど。**フランクは思い、ジムのウェアに着替え始めた。

トレーニングをしながら、フランクは今の自分の人生が以前に比べ、どんなによくなったかを考えていた。レイチェルとの関係が大きかったのは確かだ。彼らは約一年前に出会い、間もなく付き合いだした。最初フランクは、誰かと恋仲になることに不安を覚えたが、時間と共に再び恋愛することへの不安も消えていった。それも当然だった。レイチェルは、前妻とはまったく違っていた。一緒にいてとても気楽だったし、思いやりがあって、よく気遣ってくれた。たとえば彼女は今日、とくに用事があるわけでもなく、ただ「愛してる」と一言言うだけのために電話してきた。レイチェルのことを考えると、フランクは心が温かい気持ちになり、笑みがこぼれた。本当に幸せな気分だった。

しかしトレーニングを続けるにつれ、次第に彼は不安な気持ちになってきた。レイチェルは彼に対して愛情を注いでくれたが、彼はそんなに感情を表に出すほうではなかった。自分を安心させてくれるレイチェルの言葉が、いかに自分にとってかけがえのないものであるか彼には分かっていたが、その瞬間、彼女に対してもっと気持ちを率直に表せない自分を申し訳なく思ったのだ。**いや、僕がどんなに彼女を愛しているか、向こうも分かっているさ**、彼はそう自分に言い聞かせ、罪悪感を抑えようとしたが、それから自分のしていることに気づいて、はっとした。彼が不安な気持ちから理由をつけて逃げようとするのは、これが初めてのことではなかった。前妻からはよく、彼が感情的にどこかよそよそしく、つながりをなかなか感じられないと言われたものだ。フランクは、彼女がただ「愛情に飢えている」だけだと自分を納得させようとしていたが、どこかで彼女の言い分にも理があるということは分かっていた。心の奥から気持ちを分かち合い、より満たされた関係へと踏み込むことが、彼にはいつも難しかったのだ。そうは言っても、彼に感情がないというわけではなかった。実際、彼は物事をとても深く感じるほうだった。けれども、心を開いて、もっと無防備な状態になってしまうのが怖かったのだ。

フランクがしばらく罪悪感を感じていると、レイチェルとの間にも同じように距離が生まれてしまうのではないかという考えに悩まされた。時が経つにつれて、彼女もまた彼との絆を感じられなくなってしまうのではないか、と。彼女のことはとても愛していたから、それを知ってほしかったし、確信を持ってほしかった。恐れのせいで自分を抑えたり、彼女との関係が持ちうる可能性を妨げてしまうのは嫌だった。今度はうまくやりたかった。

その晩、普段のように、ふたりは一緒に座っておしゃべりをしていた。レイチェルがその日の出来事について話している間、フランクは気づくとただ彼女のほうを見つめ、彼女の話す姿にじっと見入っていた。彼は自分の心が愛情で満たされるのを感じた。彼女の癖に気づいたりしながら、その話す姿に見入っていた。彼女のことが本当に愛しかった。自分の気持ちを彼女に伝えたかったが、一方で少し不安な気持ちになってきた。鼓動が早まるのを感じ、手が冷たくなっているのが分かった。フランクは自分の内面に集中して心を落ち着けようとした。それから思い切って口を開いた。

「今日、君のことを考えていたんだよ」と彼は言った。

「本当？　どんなこと？」レイチェルが聞いた。

「ええと、その……、ただ、君がどんなにすばらしいかってことをね。それで、その……僕はあまりきちんと伝えていないなと思って……どんなに君のことを愛しているか」

レイチェルは満面の笑みを浮かべた。「まあ、あなた、それを聞いてとてもうれしいわ」。そして、彼のそばに近寄ると、ふたりは抱き合った。

フランクは寝支度をしながら、自分のしたことを考えていた。思い切って少し心を開けたことがとてもうれしかった。それは気分のよいものだった。そしてそんなことをするのがそんなに恐いものではないということにも気づいた。**もっとしょっちゅう、こうすべきだな**、彼は心のなかで思ったのだった。

†

レイチェルとのより深い親密な関係を目指して、フランクは意識的に自分の感情体験に意識を払い、決意を持って心を開こうとしています。本当に望む人生へと歩み出しているのです。

自分自身のやり方で

こうした様々なストーリーからも分かるように、感情と打ち解け、感じられるようになるプロセスには、数々のバリエーションがあります。感情体験がとても分かりやすい場合もあるし、もっと複雑な場合もあります。感情がすでに明らかで理解しやすいときもあれば、内面で起こっていることを理解するのにさらに努力が必要な場合もあります。流れをうまく操るのが難しいときもあるし、順風満帆のときもあります。途中、紆余曲折があったり、いったん止まって再開したり、また障害を打ち砕いて克服しなければならなかったりすることも、当然予想されます。それは、そういうものなのです。しかし、少しの努力と決意があれば、私たちは最後までやり抜くことができるのです。

私たちの体験がみな違うのと同様、それらに対するアプローチの仕方も異なります。私たち一人ひとりはユニークな存在であり、どんな感情の遍歴を辿っているのかも、みなバラバラなのです。指針として用いることができるよう、4つのステップを順番に示しましたが、これに必ずしも固執しなければならないと感じる必要もないし、毎回このプロセスにすべて従う必要もありません。あるステップは簡単にクリアできても、他のステップはもっと難しい場合もあるかもしれないし、次のステップに進むのはまた別の機会にしてもいいのです。また、場合によっては、ステップ全部は必要ないかもしれません。どんなやり方を見出すのかは、あなた次第なのです。ある人にとって有効なやり方が、他の人に当てはまるとは限りません。自分にあったものを選べるように、いくつものツールを本書に含めたのは、そのためです。どれが正しくてどれが間違っているということはありません。大切なのは、諦めずに続けること。自分の感情に立ち戻り、今この瞬間、自分の置かれている場所に気づき、自分のなかで起こっていることに意識を向け、それらに触れてつながろうとし続けることなのです。

感情恐怖症を克服することは、ひとつのプロセスだということを覚えていてください。それは練習と時間を要します。しかし、自分の感情に気づき、恐怖を鎮め、最後まで感情を味わい、他人にそれを伝えようとすればするほど、楽にできるようになるのです。知っておいてください。感情を避けるのではなく受け入れ、思い切ってやり方を変えようとするたびに、あなたは脳の働き方を変え、自らの感情体験を縛っている恐怖を和らげているのだということを。感じる力、他人と親密な関係を築く能力を拡大させているのだということを。真の自分を尊重しているのだということを。自分を変え、本当に望む人生を手に入れるために、前進しているのだということを。

【本章のキーポイント】

・感情恐怖症を克服して心を開くための4つのステップは、ひとつの方向性であり、指針として用いることができる。
・感情の世界は柔軟性がある。
・自分の感情にオープンになることで、過去から引きずっている対処すべき問題が明らかになることがある。
・状況が困難になり行き詰まりを感じたら、専門家に助けを求めてみるとよい。
・一連のプロセスにおいて、自分の感情的な反応が防衛的なものであることに気づかないときもあるが、自分の体験に対して興味を持ち、オープンでいれば、やがて心の底にある感情に辿り着くことができる。
・抑圧された怒りは、私たちのエネルギーレベルと全般的な心的状態に影響する。
・他人の持つ感情的な限界に突き当たったときは、感情を恐れるというのはどんなものか、共感をもって理解しようとすることが有効である。
・相手との関係について自分が抱いている期待を見直し、今後どうしたいか決めなければならない場合もある。
・感情恐怖症の克服は練習や時間を要するプロセスであるが、少しの努力と決意をもって臨めば、最後までやり通すことができる。

おわりに——選択するということ

いきすぎるほどの危険を冒そうとする者だけが、
実際にどこまでいけるのかを知ることができる。
——T・S・エリオット

6月のよく晴れた日だった。午後の日差しが、姉の家の居間の窓から差し込み、こがね色に部屋を染めていた。私は、姉の隣でソファに腰掛け、生後わずか2週間の姉の息子で私の甥っ子であるテオを抱っこしていた。自分の腕のなかで眠るこの小さな奇跡を見おろしながら、私は感動を禁じえなかった。今、この瞬間、ここにいることへの幸せに加え、自分の人生をたった今生きていることへの感謝の気持ちでいっぱいだった。

将来への希望にあふれたこの小さな男の子をじっと見つめながら、私は自分がいかに変わったかについて思いをはせた。この3年の間、思い切って自分のなかの恐れと向き合い、感情をすべて感じられるよう心を開いてきた。最初は容易ではなかったが、自分の内面にあるものを尊重し、真に自分の人生へと足を踏み入れようとすればするほど、より強く完全な自分を感じられた。不安や疑念は消え、代わって新たに希望や明瞭な感覚を覚えた。かつては手が届かないように思われた可能性に満ちた新しい世界へと扉を開き、足を踏み入れたのだ。そして今や、家族や友人たちと別れ、違う街で心から愛する人との生活を始めるために、遠く離れた地へと引っ越そうとしている。かつて自分がどれだけ恐怖感によって尻込みしていたかを考えれば、これは本当にすごいことだ。

姉のほうに目をやると、私の心は痛みだした。もうすぐお別れを言わなければならない。姉は自分がいなくなることについてどう思っているのだろう。尋ねようとしたが、ためらった。**赤ちゃんやらなんやらで、今はきっとそんなときではないだろう**、そう考えた。でも、私にはちゃんと分かっていた。このタイミングを逃したら、もっと深くつながり合える機会を逃してしまうだろうということが。それは嫌だった。姉とはすべてをきちんと話しておきたかったのだ。私は息をついて気持ちを落ち着かせると言った。「あのさ……、僕が行ってしまうことについて、どう感じているのか気になってたんだけど……」

「いい気分ではないわね」姉はそう答えると、少し微笑んで顔を背けた。しばらくの間沈黙があった。それから姉はこちらに向き直ると、目に涙を浮かべて言った。「きっと……すごく寂しくなるわ」

「そうだよね、分かってるよ……」そう言って彼女の手に自分の手を重ねると、涙が私の頬を伝った。「ここを去るのは本当につらい。姉さんに会えなくて本当に寂しくなるよ」そうして一緒に泣いた。

隣に座ってお互いの心を大きく開け放ったその瞬間、私は姉をとても身近に感じた。悲しかったが、同時に愛情と感謝の気持ちで満たされてもいた。ひとつではない、いくつかの感情が織り交ざっていた。そしてそれらすべてを感じられる余地《スペース》があった。今までとは根本的に異なる新しい意味での意義を持った自分の人生、それを豊かに感じ取ることができた。

人生には多くの選択があります。自分の気持ちに耳を傾けることを選ぶのか、それとも避けようとするのか。自分の内面にあるものに寄り添うのか、自分を麻痺させてしまうのか。心を開いて本心を語り、自分の人生に関わる人たちとより親密につながり合おうとするのか、それとも恐れて自分を出さないのか。

どんな瞬間も、よりよいものへの可能性に満ちています。より大きな自覚、より大きな活力、より強い親密さ。すべてはあなたの手に届くところにあるのです。

この本は、そこへ到達するための方法をお伝えするものです。これらのステップを指針として使ってください。そんなあなたを、心から応援しています。どうか、私の励ましの声があなたに届きますように。

道を見失いそうになったり、恐れが自分の本当に望む人生をはばんだりするように感じたら、ただ自分の感情に立ち戻り、それらに感じる余地《スペース》を与え、自分の内面で起こっていることに耳をすまし、それに従ってみてください。

本当に望む人生を生きることは、ひとつの選択です。あますことなく感じられる人生、本当に自分が望む人生へと向かって、大きく両手を拡げて心を開き、今という瞬間へ踏み込むという選択なのです。

本書を読んで、自分が本当に望む人生を手に入れる方法についてもっと知りたいという方は、こちらの無料のコンテンツをご参照ください。http://www.LivingLikeYouMeanIt.com/resources.

付録――専門家のサポートを得る

改善をより早めるために、きちんと訓練を受けた専門家と心の作業をすすめたいと思うことがあるかもしれません。セラピストやコーチは、あなた自身の感情に対する意識や理解を向上させたり、感情に寄り添って生きることを妨げている障害を克服したりする手伝いをしてくれます。とくにセラピストは、刻み込まれてしまった感情パターンを変えたり、過去から引きずったままの問題に向き合ったりするうえで、あなたの力になれるでしょう。

サポートを得るときには、相手の感情体験を広げて豊かにすることに慣れていて、熟練している人を見つけることが大切です。信頼でき、かつ、過去にセラピーやコーチングを受けてよい経験をした人がいれば、その人に紹介してもらったり、専門家に電話でインタビューして、アプローチの仕方、どんなトレーニングを受けたか、セラピストとしての活動期間などを聞いたりするなりして、ちょっと調べてみましょう。よさそうな人が見つかったら、初回のカウンセリングを受けてみて、どんな感じか確かめてみましょう。自分を理解してくれると思える人、親しみを感じ安心感を得られる人、そして、この人だったら大丈夫だと能力に確信を持てるような人と組むことがとても重要です。その人が自分に合っているかどうか、そして自分がよくなっているかどうかは、すぐに分かるはずです。

セラピー（心理療法）

癒やしや変化の手段として感情体験を重視するセラピーの方法は数多くありますが、ここでは、私がもっともよく知っているものに絞って紹介したいと思います。これらの方法については、各ウェブサイトでより詳しく知ることができますが、セラピストの一覧もそこに掲載されています。また、全国ないし各地域の専門家協会の一覧からもセラピストを探すことができます。州や県の多くには地元のセラピストのリストがあるので、検索する際には役立つかもしれません。

加速化体験力動療法（ＡＥＤＰ）　感情や人間関係に関して新たな癒やしの体験を培う、変容に基づく心理療法。ＡＥＤＰについての詳細はこちら（AEDP JAPAN。日本語でＡＥＤＰセラピーを受けられるリスト有り）http://aedpjapan.org（米国AEDP研究所）http://www.aedpinstitute.org

感情焦点化療法／エモーション・フォーカスト・セラピー（ＥＦＴ）　感情体験を再編して拡大することを助ける、個人・カップル・家族向けの短期型セラピー。（iEFT Japan。日本語でＥＦＴセラピーを受けられる）https://www.ieft.jp/（カナダのＥＦＴ研究所）http://www.eft.ca および http://www.emotionfocusedtherapy.org を参照のこと。

ＥＤＴ（Experiential Dynamic Therapy）　現在や過去について真の感情を感じることへの障害を克服するのに役立ついくつかの療法をまとめた総称。ＥＤＴについての詳細はこちら（米国・英語）http://www.iedta.net

ＥＭＤＲ（Eye Movement Desensitization and Reprocessing）　いまだ癒やされていない、不安を引き起こすよ

うな人生経験からくる症状を解決するのに役立つ情報処理型の心理療法。EMDRの詳細についてはこちら（日本EMDR学会）https://www.emdr.jp/（米国・英語）http://www.emdria.org

コーチング

ライフコーチングは、あなたが成長するうえでの障害を克服し、自己の可能性を最大限に発揮して、真に望む人生を手に入れるのに役立ちます。ライフコーチには（人生に喜びをもたらす、悲しみを乗り越える、人間関係を充実させるなど）様々な専門分野があるため、自分がもっと向上させたいと思っている分野に特化した人を見つけることが重要です。国際コーチ連盟のウェブサイト（http://www.coachfederation.org）で、コーチングについての詳細やコーチを見つけるためのヘルプを得ることができます。日本語でのコーチングについてはこちらのサイトを参照ください（http://icfjapan.com）。また、Center for Courageous Living では、本書で取り上げた指針に特化したコーチングを提供しています。詳しくは http://www.cfcliving.com（英語）を参照してください。

2017年
Greenberg, L. (2002). *Emotion-focused therapy: Coaching client to work through their feelings*. Washington, DC: American Psychological Association.
McCullough, L. (1997). *Changing character.* New York: Basic Books.
Tavris, C. (1989). *Anger: The misunderstood emotion*. New York: Simon & Schuster.
Hanh, T. N. (2004). *Taming the tiger within: Meditations on transforming difficult emotions*. New York: Riverhead Books.
Rosenthal, N. E. (2002). *The emotional revolution: Harnessing the power of your emotions for a more positive life*. New York: Citadel Press.
Gendlin, E. T. (1981). *Focusing*. New York: Bantan Books.
Watkins, J. G., & Watkins, H. H. (1997). *Ego status: Theory and therapy*. New York: Norton.
Cozolino, L. (2002). *The neuroscience of psychotherapy: Building and rebuilding the human brain*. New York: Norton.

第7章

1. Bowlby, J. (1980). *Attachment and loss: Vol.3 Loss, sadness, and depression*. New York: Basic Books.
2. Goleman, D. (1995). *Emotional intelligence: Why it can matter more than IQ*. New York: Bantan Books.『EQ――こころの知能指数』講談社，1996年
3. Beattie, M. (2002). *Choices: Taking control of your life and making it matter*. New York: HarperCollins.
4. Johnson, S. (2008). *Hold me tight: Seven conversations for a lifetime of love*. New York: Little, Brown.
5. Rizzolatti, G., & Sinigaglia, C. (2008). *Mirrors in the brain: How our minds share actions, emotions, and experience*. New York: Oxford University Press.
6. Jeffers, S. (1987). *Feel the fear and do it anyway*. New York: Ballantine Books.

第8章

1. Freud, S. (1958). Morning and melancholia. In J. Strachey (Ed. and Trans.), *The standard edition of the complete psychological words of Sigmund Freud* (Vol.14, pp.243-258). London: Hogarth Press. (Original work published 1915)

Frost, R. (2002). *The poetry of Robert Frost.* New York: Henry Holt.

第3章

Williams, M. G., Teasdale, J. D., Zindel, S. V., & Kabat-Zinn, J. (2007). *The mindful way through depression: Freeing yourself from chronic unhappiness.* New York: Guilford Press.

Kabat-Zinn, J. (1994). *Wherever you go, there you are: Mindfulness meditation in everyday life.* New York: Hyperion.

Safran, J. D., & Greenberg, L. S. (1991). *Emotion, psychotherapy, and change.* New York: Guilford Press.

第4章

Briggs, D. C. (1977). *Celebrate your self.* New York: Doubleday.

Gunaratana, B. H. (2002). *Mindfulness in plain English.* Boston: Wisdom Publications. 『マインドフルネス――気づきの瞑想』サンガ，2012年

Ezriel, H. (1952). Notes on psychoanalytic group therapy: Ⅱ. Interpretation. *Research Psychiatry*, 15, 119.

第5章

LeDoux, J. (1996). *The emotional brain: The mysterious underpinnings of emotional life.* New York: Simon & Schuster. 『エモーショナル・ブレイン――情動の脳科学』東京大学出版会，2003年

Carnegie, D. Retrieved February 2008 from the Cyber Nation Website: http://www.cybernation.com/victory/quotations/authors/qotes_carnegie_dale.html

Lieberman, M. D., Eisenberger, N. I., Crockett, M. J., Tom, S. M., Pfeifer, J. H., & Way, B. M. (2007). Putting feelings into words: Afftect labeling disrupts amygdala activity in response to affective stimuli. *Psychological Science*, 18, 421-428.

Austin, J. H. (1999). *Zen and the brain: Toward an understanding of meditation and consciousness.* Cambridge, MA: MIT Press.

Emmons, H. (2005). *The chemistry of joy: A three-step program for overcoming depression through Western science and Eastern wisdom.* New York: Simon & Schuster.

Uvnas-Moberg, K. (1998). Oxytocin may mediate the benefits of positive social interaction and emotions. *Psychoneuroendocrinology*, 23, 819-835.

Kirsch, P., Esslinger, C., Chan, Q., Mier, D., Lis, S., Siddhanti, S., Gruppe, H., Mattay, V. S., Gallhofer, B., & Meyer-Lindenberg, A. (2005). Oxytocin modulates neural circuitry for social cognition and fear in humans. *Journal of Neuroscience*, 25, 11489-11493.

Frederickson, B. L., & Losada, M. F. (2005). Positive affect and the complex dynamics of human flourishing. *American Psychologist*, 60, 678-686.

Frederickson, B. L. (2005). Positive emotions. In C. R. Snyder & S. J. Lopez (Eds.), *Handbook of positive psychology* (pp. 120-134). New York: Oxford University Press.

Porges, S. (2006, March). *Love or trauma? How neural mechanisms mediate bodily responses to proximity and touch.* Paper presented at the Embodied Mind conference of the Lifespan Learning Institute, Los Angeles.

第6章

Fosha, D. (2000). *The Transforming Power of Affect: A Model for Accelerated Change.* New York: Basic Books. 『人を育む愛着と感情の力――AEDPによる感情変容の理論と実践』福村出版，

文　献

監訳者まえがき

Johansson, R., Hesslow, T., Ljotsson, B., Jansson, L., Fardig, S., Karlsson, J., Hesser, H., Frederick, R., Lilliengren, P., Carlbring, P., & Andersson, G.(2017). Internet-based affect-focused psychodynamic therapy for social anxiety disorder : A randomized controlled trial with 2-year follow-up. *Psychotherapy*, 54(4). 351-360.

はじめに

Goleman, D. (2006). *Social intelligence: The new science of human relationships*. New York: Basic Books.『SQ生きかたの知能指数――ほんとうの「頭の良さ」とは何か』日本経済新聞出版，2007年

Bowlby, J. (1988). *A secure base*. New York: Basic Books.

第1章

McCullough, L. (1997). *Changing character*. New York: Basic Books.

LeDoux, J. (1996). *The emotional brain: The mysterious underpinnings of emotional life*. New York: Simon & Schuster.『エモーショナル・ブレイン――情動の脳科学』東京大学出版会，2003年

第2章

LeDoux, J. (1996). *The emotional brain: The mysterious underpinnings of emotional life*. New York: Simon & Schuster.『エモーショナル・ブレイン――情動の脳科学』東京大学出版会，2003年

Fosha, D. (2000). *The Transforming Power of Affect: A Model for Accelerated Change*. New York: Basic Books.『人を育む愛着と感情の力――AEDPによる感情変容の理論と実践』福村出版，2017年

Siegel, D. (2001). *The developing mind: How relationships and the brain interact to shape who we are*. New York: Guilford Press.

Schore, A. N. (1999). *Affect regulation and the origin of the self: The neurobiology of emotional development*. Mahwah, NJ: Erlbaum.

Lewis, M. (2000). The emergence of human emotions. In M. Lewis & J. M. Haviland-Jones (Eds.), *Handbook of emotions* (2nd ed., pp.265-280). New York: Guilford Press.

Bowlby, J. (1988). *A secure base*. New York: Basic Books.

See Begley, S. (2007). *Train your mind, change your brain: How a new science reveals our extraordinary potential to transform ourselves*. New York: Ballantine Books; Davidson, R. J. (2000). Affective style, psychopathology and resilience: Brain mechanisms and plasticity. *American Psychologist*, 55, 1193-1214; Doidge, N. (2007). *The brain that changes itself: Stories of personal triumph from the frontiers of brain science*. New York: Penguin Books.

Goleman, D. (2006). *Social intelligence: The new science of human relationships*. New York: Bantam Dell.

【著者】

ロナルド・J・フレデリック／ RONALD J. FREDERICK, Ph.D.

カリフォルニア、ビバリーヒルズにあるカレジャス・リビングセンター（The Center for Courageous Living）共同設立者、AEDP研究所シニア・ファカルティ（教員）。

20年以上にわたり、感情に特化した体験療法を個人やカップルに施し、さらに他のセラピストのトレーニングを積極的に行ってきた。

本書の原書『Living Like You Mean It』はアメリカでベストセラーとなり、シリーズ近著に『Loving Like You Mean It』がある。また、親密な関係への恐れに関する研究で、アメリカ心理学会（The American Psychological Association）のメイロンースミス奨学金（Malyon-Smith Scholarship Award）を授与された。

世界中のワークショップで講演、指導にあたっている。


【監訳者】

花川ゆう子／ Yuko Hanakawa, Ph.D.

NY州臨床心理博士ライセンスを持つサイコロジスト、AEDP研究所のシニア・ファカルティ（教員）、AEDP JAPAN設立者・現ディレクター。

マンハッタンにあるセントルークス・ルーズベルト病院の外来クリニックでスタッフや訓練生のトレーニングや患者の治療にあたり、2014年まで博士課程学生対象のトレーニングプログラムのディレクターとして勤務。現在病院から独立し、マンハッタンにて個人開業中。

AEDPの入門書『あなたのカウンセリングがみるみる変わる！　感情を癒す実践メソッド』（金剛出版、2020年）を上梓。『心理療法統合ハンドブック』（誠信書房、2021年）ではAEDPの章を、『Undoing Aloneness and the Transformation of Suffering Into Flourishing: AEDP 2.0』（APA、2021年）ではトラッキングについての一章を、分担執筆。また、AEDPの教科書である『人を育む愛着と感情の力――AEDPによる感情変容の理論と実践（原題：The Transforming Power of Affect: A Model for Accelerated Change）』（福村出版、2017年）を、岩壁茂博士他と共監訳。

アメリカ、イギリス、オーストラリア、カナダ、日本などで国際的にトレーニングを行っている。

【訳者】
武田菜摘／ Nazumi Takeda
国際基督教大学教養学部卒。米国ジョージ・ワシントン大学大学院修士。世界銀行コンサルタントとして10年以上にわたり途上国の教育開発・社会開発に携わるとともに、NPO活動を通して人種的マイノリティーと世代間トラウマの問題や、アメリカの子どもたちへ食育を提供する活動などに従事。
在米歴20年で現在ワシントンD.C.在住。

感情を癒やし、あなたらしく生きる4つのステップ
――気づく・鎮める・感じきる・心を開く

2022年10月30日　初版第1刷発行

著　者　ロナルド・J・フレデリック
監訳者　花川ゆう子
訳　者　武田菜摘
発行者　宮下基幸
発行所　福村出版株式会社
〒113-0034　東京都文京区湯島2-14-11
電話　03-5812-9702
FAX　03-5812-9705
https://www.fukumura.co.jp
装　丁　土屋和泉（Studio Wazen）
印　刷　株式会社スキルプリネット
製　本　協栄製本株式会社

Printed in Japan　ISBN978-4-571-24101-7 C0011